LA GÉOGRAPHIE

ENSEIGNÉE

PAR UNE MÉTHODE NOUVELLE.

LA GÉOGRAPHIE

ENSEIGNÉE

PAR UNE MÉTHODE NOUVELLE.

OUVRAGE DESTINÉ AUX ÉCOLES CENTRALES,

AVEC NEUF CARTES ENLUMINÉES.

PAR EDME MENTELLE,

Membre de l'Institut, et Professeur aux Ecoles centrales du Département de la Seine.

DEUXIÈME ÉDITION, CORRIGÉE ET AUGMENTÉE.

PRIX 2 *francs broché.*

A PARIS,

Chez l'AUTEUR, aux Galeries du Palais national des Sciences et des Arts, rue des Orties, n°. 19.

AN VI DE LA RÉPUBLIQUE.

ÉCLAIRCISSEMENS PRELIMINAIRES.

En annonçant cette méthode comme nouvelle, je n'ai pas prétendu établir que l'idée toute entière m'en appartînt. Il y a bien long-tems que, pour la première fois, j'ai entendu désirer que l'on enseignât la Géographie aux enfans, en ne leur parlant d'abord que du lieu qu'ils habitent, pour les faire, en quelque sorte, voyager dans les autres lieux de la terre. Enfin, il a quelques mois que le citoyen Le Barbier du Bocage, dont le nom doit être cité avantageusement en géographie, exposa dans un des numéros du Magasin encyclopédique, cette même opinion, appuyée de raisonnemens qui lui donnent une nouvelle force. De mon côté, en conséquence d'un ordre du comité d'Instruction publique, j'avois fait le travail que je donne aujourd'hui, et il avoit été présenté avec les cartes aux Ecoles normales. A la vérité, en même-tems qu'il étoit très-goûté des élèves, il ne le fût pas aussi bien de plusieurs des savans invités à ces sortes de lectures. Sans infirmer leur jugement que je respecte, comme il mérite de l'être, je crus trouver la raison de cette différence entre les opinions, dans ce que les élèves avoient vu de plus près les enfans, au lieu que les savans étoient trop loin du premier terme de départ dans la carrière des sciences. Au reste, je me suis fait un devoir de profiter de leurs excellentes observations, pour l'ouvrage plus étendu que je compte publier après celui-ci, et je ne donne cet ouvrage actuel que comme un essai dans la manière d'enseigner la géographie.

Si ce livre a quelque succès, s'il paroît

répondre aux vues du comité d'Instruction publique, qui m'a expressément chargé de la rédaction d'un ouvrage élémentaire de géographie pour les Ecoles primaires, peut-être alors seraije fondé à solliciter, auprès du Gouvernemeut, l'avantage de voir réaliser en ma faveur les promesses qui me furent faites alors.

Actuellement je passe à la rédaction de l'ouvrage.

Je me proposois d'y mettre en pratique la méthode regardée comme plus simple et plus utile, de partir d'un premier point sur le globe. Mais cette idée, dès qu'on l'approfondit, offre des difficultés auxquelles d'abord on ne pense pas. Et cependant elles deviennent bientôt très-sensibles; car, dès le moment du départ, si vous conduisez l'enfant de lieux en lieux, vous vous engagez dans tous les détails de la topographie.

J'ai cru me préserver de cet inconvénient, en imaginant des cercles concentriques, dont chacun présente successivement des objets nouveaux à la vue et à la mémoire. C'est une espèce d'horison qui s'aggrandit à mesure que les connoissances s'étendent. Et, comme on annonce que le rayon du premier cercle est de 25 lieues, celui du second de 50 et ainsi de suite, il s'ensuit qu'au seul aspect de la carte, l'enfant peut de lui-même estimer à-peu-près les distances, soit au centre, soit entre elles. Hors des limites de la République, je n'ai pas conservé la méthode des cercles, parce que je n'avois plus à parler d'objets si rapprochés entre eux. Mais j'ai observé de ne parler des pays que de proche en proche, et des uns après les autres. J'ai de cette manière traité toute l'Europe. Il semblera peut-être, au premier apperçu, que j'aurois dû faire succéder à la carte d'Europe, une carte d'Asie, à laquelle auroit succédé la carte d'Afrique, et ainsi de suite. Mais, outre la difficulté de se procurer en ce moment des cuivres, et la nécessité d'économiser les dépenses dans un ouvrage dont le prix doit être le moins haut possible, j'ai pensé que l'esprit d'un étudiant étoit assez exercé après l'étude de l'Europe, pour supporter celle de la Mappemonde. Il est vrai qu'en même tems que j'y fais connoître les grands Etats des deux continents, je réserve pour l'article suivant, les explications qui ont rapport aux cercles et aux divisions mathématiques. Encore n'ai-je parlé que des divisions et des cercles qu'il est indispensable de connoître pour l'usage des cartes. Au reste, je me suis abstenu de rien faire connoître qui excédât la portée des enfans, et les besoins de ceux qui n'auront d'instruction que celle des Ecoles Centrales des Départemens.

P. S. J'ajoute deux mots, relativement aux déterminations, et aux noms des nouvelles mesures, qu'il est important que les enfans connoissent de bonne heure. Ces mesures nouvelles ne sont pas un des moindres bienfaits de la révolution; et le public n'en connoîtra bien réellement le prix, que quand elles seront généralement adoptées. On peut dire mille choses à leur avantage, je me renferme ici dans ce qui tient à la Géographie.

En France, nous comptions par *lieues*. Ce nom que nous tenions des Gaulois, nos ancêtres, étoit en usage dans toute la République; mais l'idée qu'il emportoit avec soi, non seulement n'étoit pas précise, mais même étoit différente dans les différentes parties du Nord ou du Sud. De-là cette distinction continuelle en *lieues de Paris*, *lieues de Gascogne*, *lieues de poste*, etc.

De bons esprits avoient senti qu'il convenoit de partir d'une base fixe et sûre. Et, comme un dégré du méridien, mesuré sur la terre, avoit paru renfermer 57,000 toises, en compte rond, on étoit convenu d'une lieue de 2281 ou 82 toises : il en entroit 25 dans le dégré. Mais on n'en étoit pas moins forcé, par l'usage, d'admettre une lieue marine de 20 au dégré. A la vérité cette dernière a un avantage pour l'usage de l'hydrographie et de la navigation, c'est qu'elle renferme trois milles Anglois et sert à rapprocher aisément les cartes angloises des nôtres. Peut-être en effet celles-ci, à cause de cette circonstance, resteront-elles encore long-tems indiquées sur les cartes. Quant aux autres, elles disparoîtront, parce que tout ce qui n'est que suportable doit enfin faire place à tout ce qui est bien.

Pour l'établissement des nouvelles

mesures, on a adopté un principe qui leur donne à toutes, entre elles, une correspondance exacte. On a partagé le quart du méridien, c'est-à-dire l'arc qui s'étend de l'équateur au pôle arctique, en cent parties.

Chacune de ces parties a été nommé *grade* (1) ou dégré : et le dégré a été partagé en 10 parties, que l'on a nommées *myriamètres*. Ainsi le myriamètre est la dixième partie du dégré ou grade.

Cette dixième partie se divise en 10 autres que l'on nomme *kilomètres* ; et chaque kilomètre est ainsi, la centième partie du grade.

On voit que dans ces deux noms, le mot *mètre* se trouve également à la fin. C'est que ce mot, qui vient du grec,

---

(1) Grade est le mot latin *gradus*, francisé : il signifie dégré.

et qu'il est utile de franciser, a été adopté pour désigner la mesure la plus en usage, selon son sens primitif; car, en grec, *métron* signifie mesure. Or, le mètre, dont l'étendue est de 3 pieds, 11 lignes, 44 centièmes de l'ancien pied de roi, est l'élément simple et unique de toutes les mesures nouvelles. L'usage apprendra la valeur des mots qui se composeront pour désigner des mesures de différentes grandeurs. Je passe à la grandeur des deux mesures itinéraires, nommées précédemment.

Le *myriamètre* est égal à 5132 toises; ainsi 4 myriamètres valent 9 lieues de 25 au dégré.

Le *kilomètre*, étant la dixième partie du myriamètre, ne renferme que 513 toises, ou à-peu-près, le quart de cette même lieue.

Ainsi lorsque des distances sont données en lieues de 25 au dégré, on pourra aisément y substituer les nouvelles mesures, puisque, s'il y a 9 lieues d'une ville à l'autre, on pourra compter 4 myriamètres, et 2 myriamètres seulement, s'il n'y a que 4 lieues et demie.

S'il s'agit de fraction de lieue, on peut se servir du kilomètre.

Voici, au reste, la méthode qu'a indiquée l'Agence temporaire des poids et mesures, pour réduire en mètres une lieue de 2281 on 82 toises.

	mètres.
2001 toises font . . .	3896,8
800	389,68
80	155,872
1	1,9484
Total	4444,3004

Ainsi 2281 toises font 4444 mètres 3 dixièmes: car on doit absolument négliger le dernier chiffre dans l'usage ordinaire.

Mais, dans mon ouvrage, j'ai, d'après des relevés exacts, indiqué l'étendue de la surface de chaque Département en lieues carrées. Peut-être auroit-on désiré que je l'eusse indiquée de même en myriamètres. Je conviens que je n'y ai pensé que trop tard. D'un autre côté, les opérations faites pour la confection du cadastre, nous donneront certainement ces mesures avec plus de précision: ce que j'ai indiqué pourra donc suffire pour avoir un apperçu de la grandeur des Départemens entre eux; car je viens d'y ajouter l'étendue en hectares.

Comme il pourroit arriver cependant que quelques personnes voulussent faire cette comparaison, sans le travail d'un long calcul, il leur suffira de prendre le cinquième des lieues carées, et elles auront le nombre carré de myriamètres avec une exactitude suffisante. Car puisque la lieue est au myriamètre, comme 4 est à 9, la lieue carrée sera au myriamètre carré comme 16 est à 81, ou comme 1 à 5 à-peu-près.

Pour de plus grands détails, je conseille l'étude des différentes instructions publiées par l'Agence des poids et mesures.

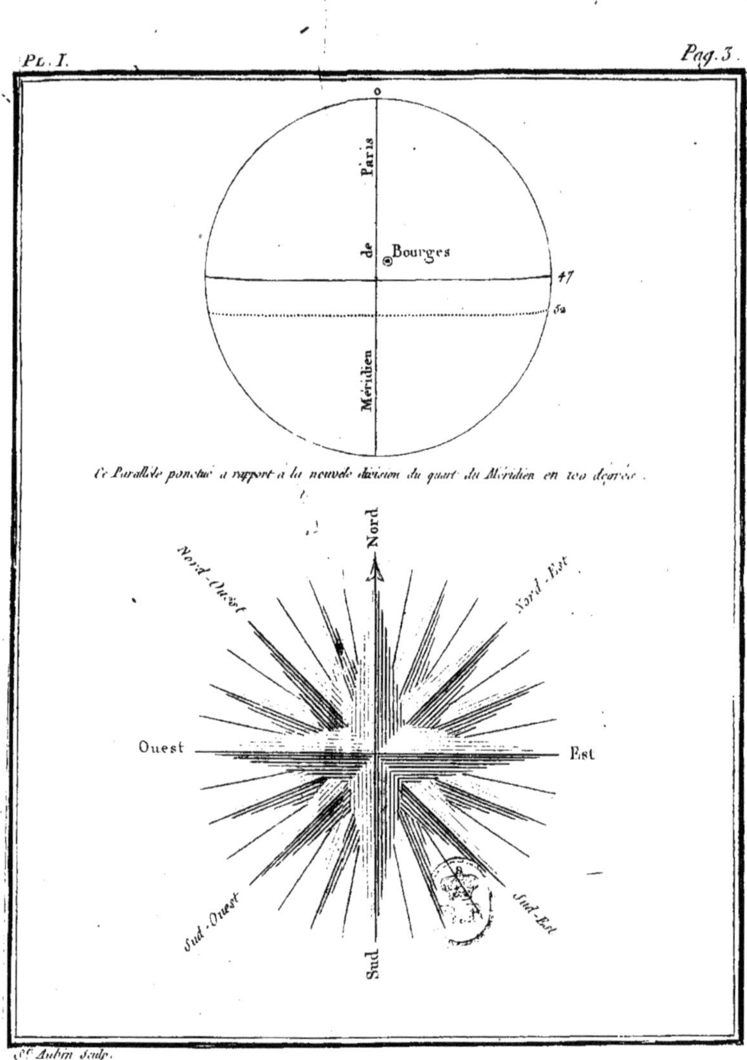

Ce Parallèle ponctué a rapport à la nouvelle division du quart du Méridien en 100 degrés.

St. Aubin Sculp.

LA GÉOGRAPHIE

ENSEIGNÉE

PAR UNE MÉTHODE NOUVELLE.

ARTICLE PREMIER.

Le mot Géographie, signifie *description de la terre*. C'est qu'en effet la description de la terre est l'objet de cette science.

La terre a presque la forme d'une boule ; aussi dit-on, quelquefois, *la boule du monde*.

Mais comme ce *mot* signifie la même chose que *globe*, il est d'usage, en géographie, de dire le *globe de la terre*, ou le *globe terrestre*.

Pour faciliter l'étude de la géographie, on fait, en carton, des globes, sur lesquels sont tracés les contours des différentes parties de la surface de la terre. Ces globes, qui sont l'ouvrage de l'art, c'est-à-dire de l'industrie des hommes, sont appelés *globes artificiels*.

Au lieu de globes artificiels, on peut aussi se servir de *cartes géographiques*.

On appelle ainsi des feuilles de papier sur lesquelles sont représentées, par le moyen de la gravure, différentes parties de la surface du globe terrestre : telles sont celles qui accompagnent cet ouvrage.

En représentant exactement, sur la surface d'un globe, les contours de toutes les terres connues, on est parvenu à savoir qu'il n'y a pas un tiers de la surface du globe terrestre habité ou habitable : il y en a plus des deux tiers couverts par les eaux. Ces eaux portent le nom de *mers*.

Il convient d'abord de faire connoître les terres habitées ; et, choisissant celles qui nous intéressent le plus, nous commencerons par la *République françoise*.

Afin même d'éviter la confusion d'idées que peut offrir une carte de France représentant toutes les divisions du territoire de la République, divisions que l'on nomme *départemens*, nous partirons d'un seul point, choisi, à-peu-près, dans le centre, puis nous verrons quelles parties l'avoisinent ; et, nous étendant ainsi de proche en proche, nous parviendrons jusqu'aux pays qui sont hors de la France, et même jusqu'aux extrêmités du monde.

ARTICLE II

SOMMAIRE.

CARTE Ière. Cette carte n'offre que la position de la commune de Bourges : longitude 0° 3′ 26″ : latitude 47° 4′ 58″. Le méridien de Paris la traverse du S. au N. Des deux lignes transversales, l'une représente le 47e. degré de latitude ; l'autre, ponctuée, le 52e. selon les nouvelles mesures.

LEÇONS.

Nous partirons de la commune de Bourges, que nous offre cette carte, pour arriver à la connoissance de ce qu'il nous convient de savoir actuellement sur la France.

BOURGES est une commune considérable et très-ancienne : elle est bâtie dans une belle plaine, on l'apperçoit de très-loin. L'église principale est un vaste et ancien bâtiment ; on fabrique dans cette commune des étoffes de laine. Le commerce n'y est pas considérable. Il y passe deux petites rivières (1).

(1) L'Èvre et l'Auron.

ARTICLE III.

Sommaire.

La carte II représente la configuration du dép. du Cher, plus étendu du S. au N. que de l'E. à l'O. On n'y trouve pas de villes assez considérables, après Bourges, pour entrer dans des élémens.

Leçons.

Nous voyons sur la 2e. carte, l'étendue que comprennent les terres renfermées dans le dép. du *Cher*. Quoiqu'il soit petit sur cette carte, il a cependant 369 lieues de surface dans la réalité, ou plus exactement 740131 hectares. La rivière appelée le *Cher*, dont il a pris son nom, traverse ce département, dans la partie du S.-O., c'est-à-dire qu'il entre dans ce dép. (sur la carte) par le bas et tourne vers la gauche.

Observez, 1°. que l'on appelle le *Nord* d'un lieu, le côté que l'on a derrière soi, lorsque l'on a le soleil en face à l'heure de midi; 2°. que le côté où est alors le soleil, et qui est opposé au Nord, est nommé *Sud*; le côté que l'on a à gauche, et par lequel le soleil se lève, se nomme *Est*; le côté qui est à droite (toujours lorsque l'on a le

Pag. 4.

Nord
DEP^T
la Loire R.
Bourges
Est
47
CHER
D U
Sud
o
Dégrés Décimaux.
1
2
munes de 25 au Dégré.
20
25
50

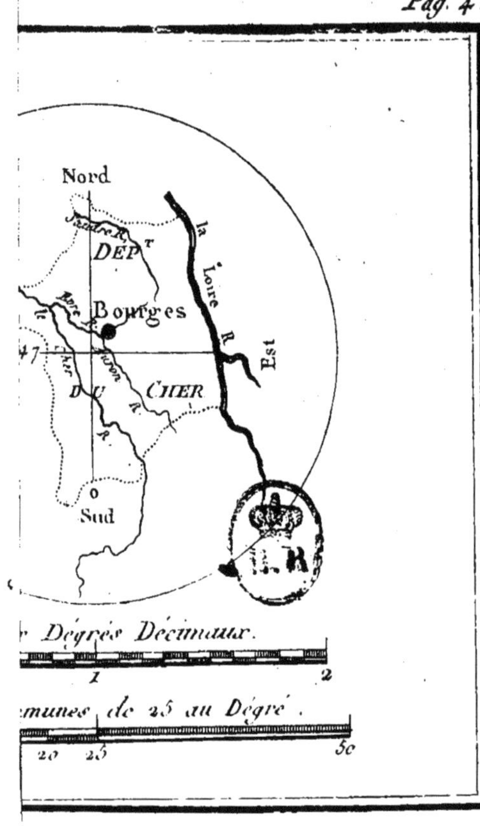

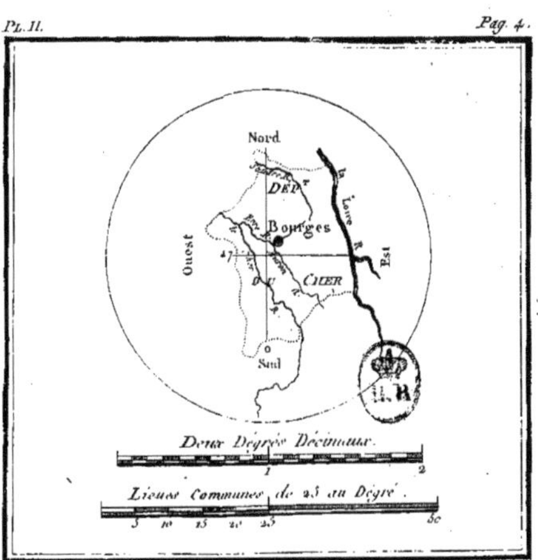

St Aubin Sculp.

Nord
DÉP.T
DÉP.T
Orleans
DÉP. DU
le Loir R.
la Loire
Loiret R.
DU LOIRET
DE L'YONNE
Auxerre
Blois
LOIR ET DU CHER
la Saudre
DÉP.T
DÉP.T
DÉP.T
Bourges
la Nievre R.
DE LA
Ouest
47
Nevers
47
Est
Chât. Roux
DU CHER
NIEVRE
l'Indre R.
la Loire R.
DE
L'INDRE
l'Allier R.
Moulins
DÉP.T DE L'ALLIER
DÉP. DE LA
la Creuse R.
Gueret
CREUSE
Sud

St Aubin Sculp.

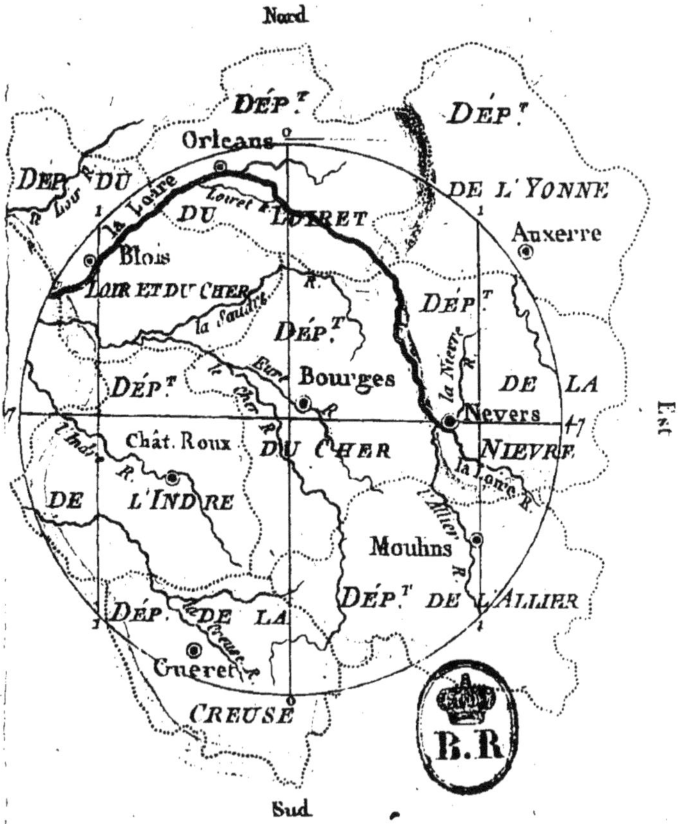

Nord

DÉP.T DU LOIRET

Orleans

Loiret R.

DÉP DU LOIR ET DU CHER

Loir R.

la Loire

Blois

DÉP.T DE L'YONNE

Auxerre

DÉP.T DU CHER

la Sauldre

Eure R.

le Cher R.

Bourges

DÉP.T DE LA NIEVRE

la Nièvre R.

Nevers

la Loire R.

DÉP.T DE L'INDRE

Chât. Roux

l'Indre R.

DÉP.T DE L'ALLIER

l'Allier R.

Moulins

DÉP. DE LA CREUSE

la Creuse R.

Gueret

Est

Sud

soleil en face à midi) est nommé l'*Ouest*. Sur les cartes, le N. est vers le haut, et le S. vers le bas; l'E. est à la droite de celui qui regarde la carte, et l'O. à sa gauche. Au surplus *voyez* ce que l'on nomme la *rose des vents*, sur la première carte.

Le dép. du Cher produit des laines, du chanvre, des fers et des vins. *Etendue*, 369 l. carrées.

ARTICLE IV

SOMMAIRE.

La carte III offre sept départemens; savoir:

DÉPARTEMENS.	CHEFS-L.	LONGITUDE.				LATIT.		
			°	′	″	°	′	″
1 Du Loiret . . .	Orléans (1).	oc.	0	25	38	47	54	4
2 De Loir et Cher	Blois	oc.	1	0	10	47	35	19
3 De l'Indre . . .	Château-Roux. . .	oc.	0	39	*	46	48	*
4 De la Creuse .	Guéret . . .	oc.	0	28	*	46	10	*
5 De l'Allier. . .	Moulins. . .	oc.	0	59	*	46	34	*
6 De la Nièvre. .	Nevers . . .	or.	0	49	25	46	34	13
7 De l'Yonne . .	Auxerre . .	or.	1	14	20	47	47	54

Chacun de ces dép. se trouve traversé par un cercle dont le centre est au point de section du méridien

(1) Les * indiquent que ces latitudes et longitudes sont prises sur des cartes, et ne sont pas recueillies d'après des observations astronomiques.

de Paris, avec le 47e. degré de lat., les points de tengente sont au N. sur le 48e. deg.: au S. au 46e. Ainsi du centre à chaque point de la circonférence, il y a 25 lieues, mesure du degré de lat.: ou 112 milliaires et demi.

LEÇONS.

Cette troisième carte offre la position des sept dép. qui environnent le dép. du Cher. Pour distinguer les lieux où l'on parviendroit, si l'on s'y rendoit en partant de Bourges à midi, ayant le soleil en face, il ne faut que voir sur la carte quels sont les noms qui sont écrits au-dessous de Bourges, tel celui de *Guéret*, celui de *Moulins*, même *Château-Roux*, sont placés plus ou moins, au Sud, du nom de la ville de Bourges.

Ceux qui sont au contraire plus vers le haut de la page, tels que *Blois*, *Orléans* sur-tout, *Auxerre*, etc. sont plus au Nord: on ne pourroit s'y rendre, en partant de Bourges à midi, qu'autant que l'on tourneroit le dos au soleil. En partant de Bourges le matin, pour se rendre à *Nevers*, par exemple, on auroit le soleil en face, c'est que l'on iroit au *levant* ou à l'*est*; le côté opposé, se nomme l'ouest. Les points intermédiaires, sont, le *nord-est*; le *sud-est*; le *nord-ouest*; le *sud-ouest*. *Voyez la disposition de ces différens points*, *par l'inspection de ce que l'on nomme rose des vents*, carte première. Les quatre premiers points sont ceux que l'on nomme les *quatre points cardinaux*, c'est-à-dire les quatre points principaux.

1. *Dép. du Loiret.* Le dép. du Loiret est au N. du dép. du Cher; il a pris son nom d'un petit ruisseau indiqué sur la carte, au S. d'Orléans, et qui a ceci de remarquable, qu'il est aussi gros à sa source qu'à son embouchure. La rivière appelée la *Loire*, traverse le dép. du Loiret de l'E. à l'O. On recueille principalement dans ce pays des vins. Il s'y trouve une vaste forêt. ORLÉANS, sur la Loire, est le chef-lieu du dép. On y traverse la rivière sur un très-beau pont. Cette commune est susceptible d'une grande activité de commerce. *Étendue*, 224 l. carrées, ou plus exactement 675197 hectares.

2. *Dép. de Loir et Cher.* Ce dép. est au S.-O. de celui du Cher. Il produit aussi des vins et des grains. Le chef-lieu est BLOIS, sur la *Loire*, au S.-O. d'Orléans. On y fait un commerce très-actif. *Étendue*, 319 l. carrées, ou plus exactement 603121 hectares.

3. *Dép. de l'Indre.* Ce dép. a pris son nom

d'une rivière qui le traverse du S.-E. au N.-O. Il est à l'O. du dép. du Cher. Le pays est fertile en grains et en fruits : on y élève beaucoup de moutons. Le chef-lieu est CHATEAUROUX, sur l'*Indre*, où se trouve une manufacture de draps, autrefois considérable. *Étendue*, 352 lieues, ou plus exactement 687766 hectares.

4. *Dép. de la Creuse.* Ce dép. est au S.-O. de celui du Cher : il a pris son nom d'une rivière qui le traverse du S.-E. au N.-O. Les terres sont peu fertiles : il y croît sur-tout du seigle et de l'avoine : on y trouve de bons pâturages. Le chef-lieu est GUÉRÊT, à l'O. et très-près de la Creuse, sur la *Gartempe*, entre deux montagnes. L'*étendue* est de 288 l., ou plus exactement 579459 hectares.

5. *Dép. de l'Allier.* Ce dép. est au S.-E. de celui du Cher : il a pris son nom d'une rivière qui le traverse du S. au N. Il est fertile en grains et en pâturages. Le chef-lieu est MOULINS, sur l'*Allier*. Le commerce y consiste en quincaillerie, coutellerie, fruits, etc. *Étendue*, 365 l. ou plus exactement 742278 hectares.

6. *Dép. de la Nièvre.* Ce dép. a pris son nom d'une petite rivière qui y commence dans la partie septentrionale, et se rend dans la Loire,

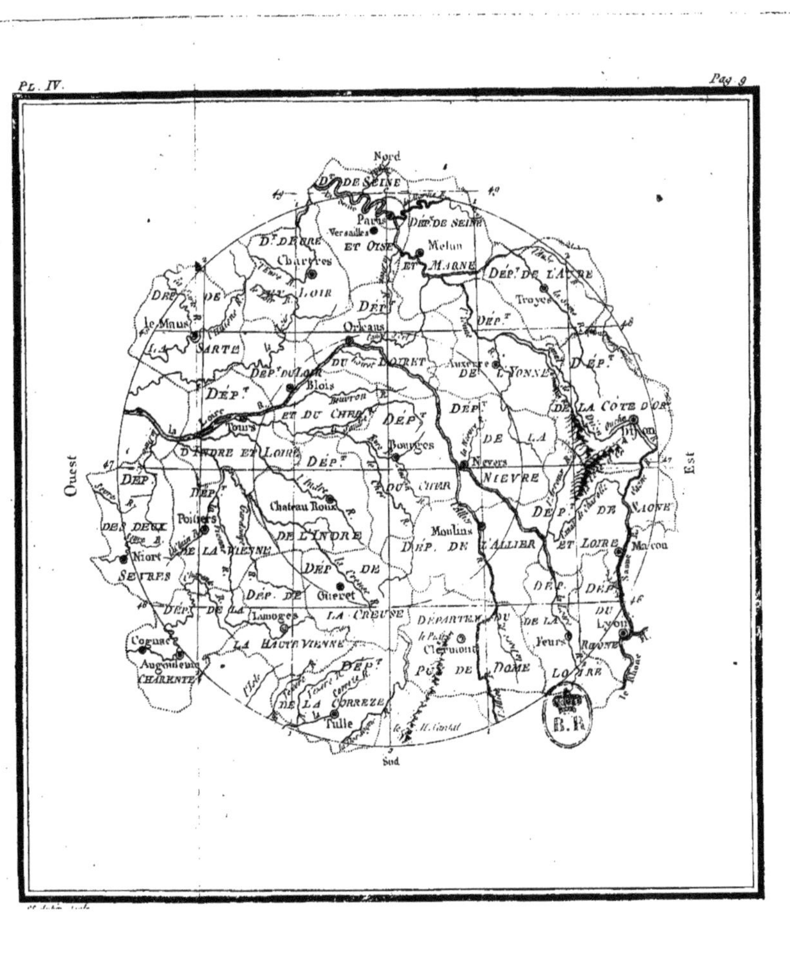
Nord
Sud
Ouest
Est
Paris
Versailles
Melun
Chartres
le Mans
Orleans
Blois
Tours
Bourges
Nevers
Auxerre
Troyes
Dijon
Moulins
Macon
Lyon
Feurs
Clermont
Gueret
Limoges
Tulle
Poitiers
Niort
Cognac
Augouleme
Chateau Roux
DÉP. DE SEINE ET OISE
DÉP. DE SEINE ET MARNE
DÉP. DE L'AUBE
DÉP. DE L'YONNE
DÉP. DE LA COTE D'OR
DÉP. DE LA NIEVRE
DÉP. DE SAONE ET LOIRE
DÉP. DU LOIRET
DÉP. DU LOIR ET DU CHER
DÉP. DU CHER
DÉP. DE L'ALLIER
DÉP. DE LA SARTE
DÉP. D'INDRE ET LOIRE
DÉP. DE L'INDRE
DÉP. DE LA CREUSE
DÉP. DE LA VIENNE
DÉP. DES DEUX SEVRES
DÉP. DE LA HAUTE VIENNE
DÉP. DE LA CORREZE
DÉPARTEM. DU PUY DE DOME
DÉP. DU RHONE ET LOIRE
CHARENTE
B.R

PL. IV.

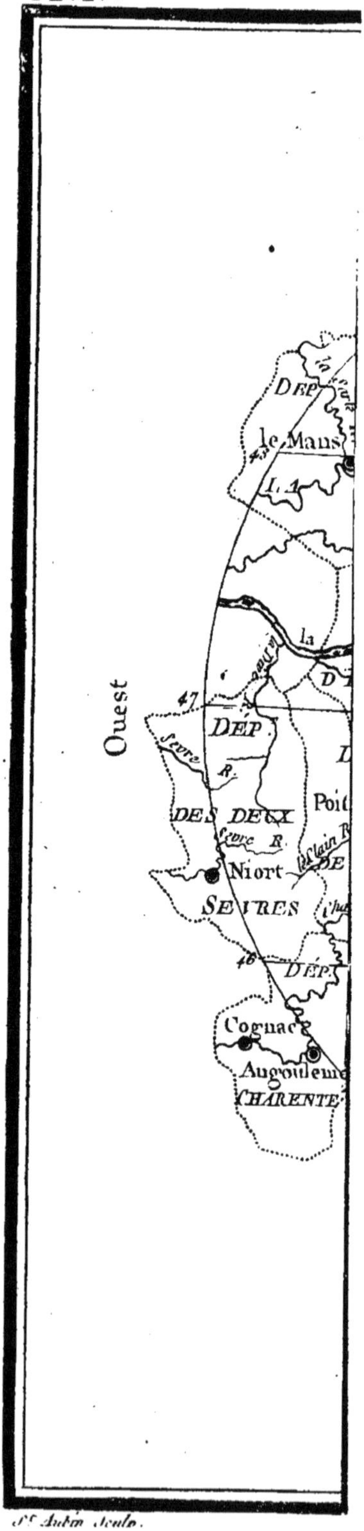

Ouest

DEP.
le Mans
43
L. 1
la
D
47
DEP.
Sevre R.
D
Poit
DES DEUX
Sevre R.
Clain R.
DE
Niort
SEVRES
46
DÉP.
Cognac
Augouleme
CHARENTE

St Aubin sculp.

à Nevers. La Loire sépare le dép. de la Nièvre du dép. du Cher. Le pays est montagneux à quelque distance de la rivière : il s'y trouve beaucoup de bois et de mines de fer. Il y a aussi des verreries. La rivière d'Yonne y a sa source dans la partie orientale. Le chef-lieu est NEVERS, où est un port sur la Loire. On y travaille en verre, en fayence, en fer. Il s'y fait des étoffes de laine et de la tannerie, préparation indispensable pour l'usage des cuirs. *Étendue*, 352 l., ou plus exactement 677397 hectares.

7. *Dép. de l'Yonne.* Ce dép. est au N.-E. de celui du Cher. Il a pris son nom de la rivière d'Yonne qui le traverse, à-peu-près du S. au N., et se rend ensuite dans la Seine. Le commerce principal y consiste en vins. Le chef-lieu est AUXERRE, ayant un beau port sur l'Yonne : cette commune est ancienne et mal bâtie. *Étendue*, 373 l., ou plus exactement 729228 hectares.

ARTICLE V.

SOMMAIRE.

La Carte IV offre à l'œil deux cercles concentriques : le premier indique d'une manière, il est vrai, un peu vague, les lieux situés à plus ou moins de 25 lieues du centre de la France ; le second indique ceux qui se trouvent à 50 lieues de ce même point, et comprend ou traverre 16 départemens.

DÉPARTEMENS.	CHEFS-L.	LONGITUDE.				LATIT.		
			°	'	"	°	'	"
Au Nord.								
1 De la Seine. .	Paris		0	0	0	48	50	10
2 De Seine et Oise	Versailles .	oc.	0	12	50	48	48	18
Au Nord-Ouest.								
3 D'Eure et Loir	Chartres . .	oc.	0	51	5	48	26	49
4 De la Sarthe.	Le Mans . .	oc.	5	8	40	48	0	30
A l'Ouest.								
5 D'Indre et Loire.	Tours . . .	oc.	1	38	49	47	23	44
6 De la Vienne.	Poitiers. . .	oc.	1	59	55	46	35	0
7 Des Deux-Sèvres	Niort	oc.						
Au Sud-Ouest.								
8 De la Charente.	Angoulême	oc.	2	31	13	45	39	3
Au Sud.								
9 De la Haute-Vienne.	Limoges . .	oc.	1	4	51	46	49	53
10 De la Corrèze	Tulles. . . .	oc.	0	34	5	45	16	0

DÉPARTEMENS.	CHEFS-L.	LONGITUDE.				LATIT.		
			°	′	″	°	′	″
Au Sud.								
11 Du Puy-de-Dôme	Clermont .	or.	0	45	7	49	46	45
Au Sud-Est.								
12 De la Loire. .	Feurs	or.	1	53	*	45	44	*
13 Du Rhône. . .	Lyon	or.	2	29	43	45	45	51
A l'Est.								
14 De Saône et Loire.	Mâcon . . .	or.	2	30	20	46	18	20
15 De la Côte-d'Or	Dijon. . . .	or.	2	42	23	47	19	22
Au Nord.								
16 De l'Aube . .	Troyes . . .	or.	1	44	55	48	18	2
17 De Seine et Marne	Melun . . .	or.	0	16	*	48	33	*

LEÇONS.

Cette quatrième carte offre à notre étude dix-sept dép. que l'on va décrire dans l'ordre adopté ci-dessus.

1. *Dép. de la Seine.* Ce dép. eut d'abord le nom de Paris, qui en est le chef-lieu; mais, comme aucun département ne porte un nom de ville, on lui a donné, comme aux autres, le nom de l'objet physique qui le caractérise le plus. Il est peu étendu et n'est considérable que par la population et les autres avantages du chef-lieu. On y récolte un peu de vin, un peu

de grains, et des légumes en très-grande abondance.

Le chef-lieu est PARIS, sur la *Seine*, qui traverse cette commune de l'E. à l'O. On y voit de très-beaux bâtimens publics et particuliers; plusieurs lieux consacrés à l'instruction publique, tels que des Écoles centrales, le Lycée Républicain, le Lycée des Arts, l'un très-près, l'autre au centre du Palais Égalité, etc.; un nouvel établissement, sous le titre d'Institut national, y réunit les savans et les artistes les plus distingués. La Bibliothèque nationale renferme non-seulement une immense quantité de livres, mais de plus une très-riche collection d'antiques, de médailles, de gravures, etc. Un Muséum pour les collections et l'instruction de l'histoire naturelle; un Muséum des Arts, où est une longue galerie renfermant les tableaux des plus grands maîtres, etc. Enfin cette commune est le siége du Corps législatif, du Directoire exécutif et des Ministres. L'étendue de tout le dép. n'est que de 24 l., ou plus exactement de 50478 hectares.

2. *Dép. de Seine et Oise.* Ce dép. environne le dép. de la Seine: il s'étend, à la vérité, fort peu à l'E. Il a pris une partie de son nom de

de la rivière d'*Oise* qui le traverse du N.-E. au S.-O., pour se rendre dans la Seine. On y recueille des grains et du vin. Le chef-lieu est VERSAILLES. Cette commune a été, pendant à-peu-près un siècle, le séjour des rois de France : elle est percée de très-belles rues, garnies de maisons bien bâties, et renferme un parc considérable et très-orné. Le bâtiment appelé château, est d'une très-grande étendue et d'une belle architecture du côté du parc. On y a disposé un Muséum le plus beau de la république, après celui de Paris. *Étendue*, 286 l., ou plus exactement 575046 hectares.

3. *Dép. d'Eure et Loir.* Ce dép. est au S.-O. de celui de Seine et Oise : il tire son nom de deux rivières, l'*Eure*, qui, du S. au N., en arrose la partie occidentale ; le *Loir* qui a sa source de ce même côté, et coule au S. Les productions les plus abondantes y sont les grains : on y recueille aussi des vins passables. Le chef-lieu est CHARTRES, sur l'*Eure*, bâtie sur un terrein élevé, et renfermant, sous le nom de cathédrale, un bâtiment presqu'aussi beau que celui de Bourges ; au reste, cette commune, qui est très-peuplée, n'est ni bien

percée, ni bien bâtie. *Étendue*, 300 l., ou plus exactement 607920 hectares.

4. *Dép. de la Sarthe.* Ce dép. a pris son nom d'une rivière qui le traverse du N. au S., et, réunie à la Mayenne, se rend dans la Loire. Il produit des grains de toute espèce, sur-tout du froment et du seigle. Il y a des vignobles, et dans quelques endroits les vins blancs sont excellens. On y trouve des mines de fer, des carrières de marbres et d'ardoises. Outre le commerce de ces objets, il y a celui des bougies, des étoffes de laine, des toiles, de la graine de trèfles, etc. Le chef-lieu est LE MANS, sur la *Sarthe.* On y trouve plusieurs édifices publics bien bâtis, et des promenades nouvellement plantées. Tous les ans il s'y tient deux foires très-fréquentées. *Étendue*, 306 l., ou plus exactement 639286 hectares.

5. *Dép. d'Indre et Loire.* Ce dép., situé au S.-E. du précédent, et au S.-O. de celui de Loir et Cher, a pris son nom de la *Loire*, qui le traverse de l'E. à l'O. et de l'*Indre*, qui se rend dans cette rivière par la gauche (1).

(1) On nomme la gauche d'une rivière le côté qui seroit à la gauche d'un bâteau, descendant avec le cours de la rivière.

Les terres y sont très-fertiles, sur-tout en fruits : on y recueille aussi des grains et de bons vins.

Je remarquerai que c'est dans ce dép., à une petite distance du Cher, que se trouve par blocs le Silex, qui fournit les pierres à fusil de toute la république. Le chef-lieu est TOURS, entre le Cher et la Loire que l'on y passe sur un beau pont. Le commerce y consiste en grains, fruits, toiles, laines, étoffes de soie, draperie, tannerie, etc. *Étendue*, 343 l., ou plus exactement 623081 hectares.

6. *Dép. de la Vienne.* Ce dép. est à l'O. de celui de l'Indre; il a pris son nom d'une rivière qui le traverse du S. au N., et se rend dans la Loire. La terre y est fertile en grains, en pâturages et en fruits. Le chef-lieu est POITIERS, sur le *Clain*; cette commune est grande, sans être jolie. Le commerce y consiste en blés, vins et eaux-de-vie; tanneries; en étoffes de laine, etc.... *Châtelleraut*, au N.-E. est connue par son commerce de coutellerie. *Étendue*, 344 lieues carrées, ou plus exactement 689089 hectares.

7. *Dép. des Deux-Sèvres.* Ce dép. est à l'O. du précédent : il tire son nom de deux rivières,

dont une monte au N., et se rend dans la Loire, au S. de Nantes, d'où s'est formé son surnom de Sèvre *nantaise*; l'autre coule à l'O.; passe à Niort, et se rend à la mer; on la nomme Sèvre *niortaise*. En général le pays est bien cultivé et les habitans y sont laborieux. Il y croît du blé, du maïs, des fourrages, des noyers, des châtaigniers, mais peu de vignes : on y élève des bœufs, des moutons qui sont un grand objet de commerce. Le chef-lieu du dép. est NIORT, sur la *Sèvre* de son nom. Cette ville n'est pas considérable; on y fabrique des étoffes de laine. Il y a dans les environs, des mines de plomb qui donnent de l'argent. *Étendue*, 305 lieues carrées, ou plus exactement 504479 hectares.

8. ***Dép. de la Charente.*** Ce dép. est au S.-E. de celui des Deux-Sèvres; il a pris son nom de la Charente, rivière considérable qui le traverse d'abord dans sa partie du N.-E., puis du N. au S. jusqu'à Angoulême, enfin de l'E. à l'O. pour se rendre à la mer. Le pays produit beaucoup de vignes, et il est riche en gibier : il s'y fait beaucoup d'eau-de-vie, de très-beau papier, etc. Le chef-lieu est ANGOULÊME, sur une montagne, près de la *Charente*. Cette commune

est dans une belle position, et assez jolie.... *Cognac* à l'O. est renommée pour ses eaux-de-vie. *Étendue*, 286 lieues carrées, ou plus exactement 588808 hectares.

9. *Dép. de la Haute-Vienne.* Ce dép. est à l'E. du précédent, et au S.-E. de celui de la Vienne. On lui a donné le nom de *Haute*, parce que cette rivière s'y trouve très-près de sa source, d'où elle descent dans des terres, nécessairement plus basses. Ce pays est montagneux, stérile et froid : il produit du seigle, mais sur-tout du sarrazin et des châtaignes. Il y a des mines d'antimoine d'un grand produit. C'est aux environs de Saint-Yriex, que l'on a découvert deux sortes de terres, de celles que l'on nomme argilles ; elles sont tout-à-fait semblables à celles dont se servent les Chinois pour leurs porcelaines, et qu'ils nomment *Kaolin* et *Pétuntzé*. Le chef-lieu est LIMOGES, sur la *Vienne*. Cette ville n'est pas belle. Il s'y fait un commerce considérable d'entrepôt, consistant en bougies, drogueries, flanelles, toiles de ménage, papiers, etc. *Etendue*, 288 l., ou plus exactement 570040 hectares.

10. *Dép. de la Corrèze.* Ce dép. est au S.-E. du dép. de la Haute-Vienne, et au S. de celui

de la Creuse. Il a pris son nom de *la Corrèze* qui y a sa source, et coule du N.-E. au S.-E. La *Dordogne*, rivière considérable, y coule dans la partie du S.-E., mais dans le même sens que la précédente. Ce pays produit du froment, du seigle, de l'orge, du chanvre, du vin, des châtaignes abondamment, des truffes du côté de Brives, et différentes espèces de champignons, dont quelques-unes se font sécher. Il y a des landes, où croît du genièvre, et quelques prairies artificielles. Le chef-lieu est TULLES, sur la *Corrèze*, commune peu considérable. Il s'y fait un grand commerce d'huile de noix : tout près est une belle fabrique d'armes. *Etendue*, 299 l., ou plus exactement 594722 hect.

11. *Dép. du Puy-de-Dôme.* Ce dép. est au S.-E. de celui de la Creuse, au S. de celui de l'Allier ; il a pris son nom d'une montagne qui est à l'O. de Clermont, et dont la hauteur est de 817 toises au-dessus du niveau de la mer. Ce dép. présente un contraste des plus frappans. Entouré des montagnes à l'E., au S. et à l'O., il offre à l'œil étonné ce que la nature peut présenter de plus imposant et de plus sauvage, tandis que le centre renferme ce qu'elle a de plus riche et de plus riant. C'est un bassin de

St Aubin Sculp.

St Aubin Sculp.

huit lieues de largeur, dans quelques endroits, sur douze lieues de longueur, dont une partie est traversée par l'*Allier* et l'autre par la *Dore*; et arrosée d'une infinité de ruisseaux. La plupart des montagnes ont été des volcans, à des époques différentes; tandis que d'autres parties, telle que la Limagne, par exemple, ont de grands lacs. Ce dép. est un des plus curieux à visiter pour les naturalistes. Outre les productions volcaniques et les eaux thermales qui s'y trouvent, on y recueille du blé, du vin, des châtaignes. Il y a des prairies très-belles, des vergers et des jardins fort riches en fruits. Le chef-lieu est CLERMONT, sur une montagne, centre d'un commerce assez considérable, en étoffes de laine, toiles communes, tapisseries; le dép. produit beaucoup de bestiaux. *Etendue*, 365 l., ou plus exactement 794376 hectares.

12. *Dép. de la Loire.* Ce dép. a pris son nom de la rivière qui le traverse du S. au N. Il est peu considérable par son étendue et ses productions : c'est un pays montagneux. Le chef-lieu est FLEURS, sur la *Loire.* Etendue, 49206 hectares, ou 389 l. avec le suivant.

13. *Dép. du Rhône.* Ce dép., lorsque l'on publia, pour la première fois, la nouvelle division de

la France, n'en faisoit qu'un avec le dép. précédent. Il produit des vignes et quelques pâturages : le pays est montagneux. Le chef-lieu est Lyon, au confluent de la *Saône* et du *Rhône*. Cette commune, célèbre par son ancienneté, son commerce, ses richesses, quelques monumens publics et ses belles promenades, l'est devenue, dans ces derniers tems, par les malheurs qu'elle a éprouvés. *Etendue*, 270430 hectares. V. ci-dessus.

14. *Dép. de Saône-et-Loire*, Ce dép. a, à l'O., les dép. de l'Allier et de la Nièvre : il tire son nom de deux rivières considérables, la *Loire* qui le borne à-peu-près au S.-O., en coulant du S. au N., et de la *Saône* qui en arrose la partie orientale, en coulant du N. au S. Il est de plus traversé de l'O. à l'E. par un canal qui commençant à Digoin, sur la Loire, finit à Châlons, sur la Saône, et donne ainsi, au centre de la république, un point de réunion, entre deux mers, que nous ferons bientôt connaître. (On le nomme canal de Charolles.) Les principales productions sont les vins : ceux de Mâcon, sur-tout, sont fort recherchés. Le chef-lieu est Macon, à l'E., près de la Saône. *Etendue*, 435 lieues, ou plus exactement 857685 hectares.

15. *Dép. de la Côte-d'Or.* Ce dép. est à l'E. des dép. de la Nièvre et de l'Yonne. Il a pris son nom d'un côteau dont le vin est excellent. La Seine, rivière considérable, qui remonte au N., passe à Paris, et va jusqu'à la mer, y a sa source. On y trouve des mines de fer, des bois; mais les principales productions sont les vins. On y a en partie exécuté un long canal qui réuniroit l'Yonne à la Saône. Le chef-lieu est DIJON, sur l'*Ouche*. Cette commune est grande et bien peuplée : il y a peu de commerce. Le vandalisme y a détruit les tombeaux des anciens ducs de Bourgogne, monumens précieux pour l'histoire et pour les arts. Mais rien n'étoit précieux pour des ignorans féroces. *Etendue*, 445 l., ou plus exactement 876963 hectares.

16. *Dép. de l'Aube.* Ce dép. est au N.-O. du précédent : il a pris son nom d'une rivière qui le traverse du S. au N. dans sa partie orientale; la Seine, qui coule dans le même sens, le sépare à-peu-près en deux parties égales, et arrose le chef-lieu. On y trouve des bois, des pâturages et des vins. Le commerce, outre ces objets, comprend de la bonneterie, des étoffes de laine, des bougies, et des fils de lin et de coton. Le chef-lieu est TROYES, sur la *Seine*, ville assez

peuplée, mais mal bâtie et mal pavée. *Etendue*, 305, ou plus exactement 610613 hectares.

17. *Dép. de Seine et Marne.* Ce dép. est à l'E. de ceux de Seine et Oise et de celui de la Seine. Il a pris son nom de deux rivières, la *Seine*, déjà indiquée, et la *Marne*, rivière considérable qui le traverse de l'E. à l'O., et se rend dans la Seine, près Paris. Dans ce dép. on s'occupe beaucoup de la culture de tous les genres de productions, et c'est avec succès. Le commerce principal est en grains et en farines. Le chef-lieu est MELUN, sur la *Seine*, commune assez peuplée, mais ancienne et mal bâtie. *Etendue*, 300 l., ou plus exactement 595983 hectares.

ARTICLE VI.

SOMMAIRE.

Cette cinquième Carte offre une étendue de pays bien plus considérable que la précédente. Un troisième cercle y indique les objets qui se trouvent à 75 lieues et au-delà du centre de la France. Mais quoiqu'il atteigne la mer dans quelques endroits, je n'en parlerai cependant qu'en décrivant la carte suivante, où ces mers seront plus sensibles. Ce troisième cercle renferme :

DÉPARTEMENS.	CHEFS-L.	LONGITUDE.				LATIT.		
Au Nord.			°	′	″	°	′	″
1 De l'Oise . . .	Beauvais . .	or.	0	15	19	49	26	0
2 De la Somme	Amiens. . ,	or.	0	2	3	49	53	43
3 De l'Aine . .	Laon	or.	1	17	12	49	33	54
4 De la Seine-inférieure . . .	Rouen . . .	oc.	1	14	16	49	26	27
Au Nord-Ouest.								
5 De l'Eure. . .	Evreux . . .	oc.	1	11	6	49	1	30
6 Du Calvados.	Caen	oc.	2	42	53	49	11	12
7 De l'Orne . .	Alençon . .	oc.	1	15	*	48	25	*
A l'Ouest.								
8 De la Mayenne	Laval	oc.	3	9	*	48	4	*
9 D'Ille et Vilaine . . . . , .	Rennes . . .	oc.	4	1	2	48	6	50
10 De la Loire-inférieure . .	Nantes . . .	oc.	3	52	59	47	13	6
11 De Mayenne et Loire. . . .	Angers . . .	oc.	2	53	15	47	28	9

DÉPARTEMENS.	CHEFS-L.	LONGITUDE.	°	'	"	LATIT. °	'	"
A l'Ouest.								
12 De la Vendée	Fontenay .	oc.						
Au Sud-Ouest.								
13 De la Charente inférieure .	Saintes . . .	oc.	2	57	45	46	44	40
14 De la Gironde	Bordeaux .	oc.	2	54	14	44	50	14
15 De la Dordogne.	Périgeux . .	oc.	1	36	41	45	11	8
16 De Lot et Gasonne	Agen	oc.	1	43	40	44	12	22
17 Du Lot	Cahors . . .	oc.	0	53	38	44	26	49
18 Du Cantal . .	Aurillac . .	or.	0	7	*	44	55	*
19 De l'Aveyron	Rhodez. . .	or.	0	14	17	44	20	59
20 De la Lozère.	Mende . . .	or.	1	9	35	44	31	2
Au Snd-Est.								
21 De la Haute-Loire.	Le Puy . . .	or.	1	32	46	45	1	41
22 De l'Ardèche.	Privas . . .	or.	22	16	*	44	45	*
23 De l'Isère . .	Grenoble .	or.	3	23	34	45	11	42
A l'Est.								
24 De l'Ain . . .	Bourg . . .	or.	2	53	27	46	12	26
25 Du Jura . . .	Lons-le-Saunier .	or.	3	15	*	46	36	*
26 Du Doubs . .	Besançon .	or.	3	42	46	47	14	12
27 De la Haute-Saône.	Vesoul . . .	or.	8	43	*	47	50	*
28 Des Vosges .	Epinal . . .	or.	4	14	*	48	22	*
29 De la Haute-Marne	Chaumont.	or.	22	50	*	48	0	13
Au Nord-Est.								
30 De la Meuse .	Bar-le-Duc.	or.	2	50	*	48	46	*
31 De la Marne .	Châlons . .	or.	1	*	29	48	57	28

LEÇONS.

LEÇONS.

Cette cinquième carte comprend entre le second cercle, à-peu-près, et le troisième, 31 dép. et indique la ligne au-delà de laquelle les villes sont à plus de 75 lieues du centre de la France : elle traverse les 31 dép. que l'on va décrire, en commençant par le nord.

1. *Dép. de l'Oise.* Ce dép., situé au N. de celui de Seine et Oise, a pris son nom d'une rivière qui commence dans le dép. de l'Aisne, au N.-E., coule par le S.-O. et se rend dans la Seine. Le pays produit du blé, du vin, du chanvre, du lin, du ſoin, des artichauts près de Laon ; il s'y trouve une forêt, dite de Compiègne, qui a 27000 arpens, et n'est, en quelque sorte, que la continuité de la forêt de Villers-Coteret, qui en a 26000 : au-delà de la rivière d'Aisne est la forêt de Laigne, qui en 6000. Le commerce de ce dép. consiste en grains, bois, laine et ouvrages de laines : les teintures de Beauvais sont estimées. Le chef-lieu est BEAUVAIS, sur le *Therin*, sur une élévation qui domine de belles plaines : il s'y voit un château que l'on dit avoir été bâti par César : il s'y trouve une belle promenade. La rivière

qui s'y partage en deux bras, donne le mouvement à des machines mises en jeu pour le besoin de plusieurs manufactures. C'est dans ce dép. que se trouvent les communes de *Senlis*, de *Compiègne* et celle de *Chantilly*, justement admirée par son château, et la beauté de son parc. *Etendue*, 285 lieues carrées, ou plus exactement 581429 hectares.

2. *Dép. de la Somme.* Il est au N. du précédent, et prend son nom d'une rivière qui le traverse, de l'E. à l'O. Les productions principales sont les grains et les pâturages. Le commerce consiste principalement en blé, toiles, étoffes et bas de laine. Le chef-lieu est AMIENS sur la *Somme*. Il s'y trouve quelques belles rues, une très-belle promenade, un très-beau bâtiment, appelé la cathédrale. A l'O., est *Abbeville*, aussi sur la Somme, et assez considérable par son commerce d'étoffes de laine, de fil et de coton. *Etendue*, 312 l., ou plus exactement 604462 hectares.

3. *Dép. de l'Aisne.* Ce dép. est à l'E. des deux dép. précédens : il s'étend beaucoup du N. au S. Il s'y trouve des bois dans la partie septentrionale : on y récolte des grains ; les vins

n'y sont pas abondans. Le commerce consiste sur-tout en blé et en bois. Le chef-lieu est LAON (que l'on prononce *Lan*), sur une montagne, ville médiocrement grande. A peu de distance, à l'O., est le château de *Saint-Gobin*, où se font les plus grandes glaces coulées de la France. *Soissons*, au S.-O., est une commune considérable par son commerce de blé et de farine. *Etendue*, 379 l., ou plus exactement 749189 hectares.

4. *Dép. de la Seine-inférieure.* Ce dép. est à l'O. des précédens : il est traversé de l'E. à l'O. par la Seine qui s'y rend à la mer, delà l'épithète de Seine inférieure, parce qu'en effet c'est la partie la plus basse de son lit. Les principales productions sont le blé et les grains de mars, le lin, le chanvre, le colza, la navette, la pomme-de-terre. Le commerce, outre celui du Hâvre, consiste en cidre, poiré, beurre, fromage, laines, cuirs, bestiaux, étoffes de fil, de coton, etc.; chapeaux, huiles, poisson salé à Dieppe, ainsi que des ouvrages en ivoire. Le chef-lieu est ROUEN, sur la *Seine*, que l'on y passe sur un pont de bois, construit de telle sorte qu'il s'élève avec les marées et s'ouvre pour laisser passer les vaisseaux qui

remontent la Seine. On trouve de plus, à l'O., *le Hâvre*, port très-fréquenté par les vaisseaux venant de l'Amérique septentrionale (dont il sera parlé dans la suite), et *Dieppe*, au N., port célèbre par l'industrie et le courage de ses habitans ; ainsi que par ses pêches. L'administration de ce dép. s'est fort occupée des avantages qu'elle peut procurer au pays, soit par l'éducation des moutons, soit par les canaux : elle a publié plusieurs mémoires sur ces objets. *Etendue*, 357 l., ou plus exactement 593814 hectares.

5. *Dép. de l'Eure.* Ce dép. est au S. du précédent ; la Seine en traverse la partie du N.-E. Il a pris son nom de la rivière d'Eure, qui coule du S.-O. dans la partie occidentale, et se rend à la mer, près l'embouchure de la Seine, à sa gauche. Les productions principales sont les grains et les pâturages : le commerce principal est en grains, toiles, étoffes de laine. Le chef-lieu est EVREUX, sur l'*Iton* ; cette commune est ancienne et médiocrement belle ; il s'y fait un commerce assez actif. *Etendue*, 307 l. ou plus exactement 623289 hectares.

6. *Dép. du Calvados.* Ce dép., situé à l'O. du précédent, est baigné au N. par la mer. Il tire son nom d'un rocher qui se trouve, dans la mer, à la gauche de l'embouchure de l'Orne. Cette rivière traverse le dép. du S. au N. On s'est servi des eaux qu'elle renferme pour un canal, au moyen duquel la navigation devient facile depuis Caen jusqu'à la mer. Ce pays est fertile en grains, en pommes, en poires; dans la partie orientale on trouve d'excellens pâturages; la vallée d'Auge, sur-tout, est très-fertile (1). Le sang y est très-beau, et les femmes y sont peut-être les plus belles de France, pour la stature et la fraîcheur. Le commerce consiste en grains, chevaux, bestiaux, cidre, drogues pour teinture, fruits secs, huile de lin et de poissons, fer, acier, toiles, draps, papiers, etc. Le chef-lieu est CAEN, (pron. *Can*) sur l'*Orne*. Cette commune est grande, et assez bien bâtie, entre deux vastes

(1) C'est, dit-on, dans les vallées de la Vire, au S.-O., que l'on nomme Veaux-de-Vire, que naquit d'abord l'espèce de chanson qui en a conservé le nom un peu altéré, il est vrai, dans celui de Vaudeville.

prairies. *Etendue*, 288 l., ou plus exactement 570431 hectares.

7. *Dép. de l'Orne.* Il est situé au S. du précédent, et tire son nom de l'*Orne* qui y a sa source et le traverse, en remontant par le N.-O. Il est fertile en pâturages; le commerce consiste en serges et en draps, en dentelles, en chanvre, en chevaux, en toiles, etc. Le chef-lieu est ALENÇON sur la *Sarthe* : cette commune est grande et assez belle. *Etendue*, 310 l., ou plus exactement 645681 hectares.

8. *Dép. de la Mayenne.* Ce dép. est au S.-O. du précédent: il prend son nom de la rivière qui le traverse du N. au S. et va se jeter dans la Loire après avoir reçu la *Sarthe*, grossie des eaux du *Loir*. Le pays produit peu de grains, mais du lin, du chanvre, des cidres; dans quelques cantons des vins médiocres : on y nourrit beaucoup de bestiaux. Le commerce consiste en toiles, en siamoises, en mousselines et mouchoirs. Il s'y trouve des blanchisseries considérables, des manufactures de draps, etc. Le chef-lieu est LAVAL, sur la *Mayenne*, qui est d'une médiocre étendue. Cette commune a beaucoup souffert des troubles de la

Vendée, et ses habitans ont montré le plus grand courage et le plus pur patriotisme. *Etendue*, 266 l., ou plus exactement 518867 hectares.

9. *Dép. d'Ille et Villaine.* Il est à l'O. du précédent, et s'étend au N. jusqu'à la mer. Il a pris son nom de deux rivières, l'*Ille* fort petite, et la *Villaine* plus considérable, puisqu'elle traverse ensuite, au S., un autre dép. pour se rendre à la mer. Le pays produit d'excellens pâturages, du chanvre, du lin, de l'orge, du maïs, etc. Le commerce consiste en toiles, serges, chapeaux, excellent beurre, particulièrement celui que l'on nomme de la *Prévalais*, etc. Le chef-lieu est RENNES, sur la *Villaine* : cette commune est grande et renferme d'assez beaux bâtimens. Au N. est le *Port-Malo*, dans une petite île, jointe à la terre ferme par une chaussée : il est d'un accès difficile. *Etendue*, 347 l., ou plus exactement 681983 hectares.

10. *Dép. de la Loire-inférieure.* Ce dép. est au S. du précédent, et s'étend à l'O. jusqu'à la mer. Il prend son nom de la *Loire*, l'une des plus belles rivières de France; elle le traverse de l'E. à l'O. dans la partie la plus basse

de son cours. Le pays est fertile en grains : on y trouve d'excellens pâturages, des fruits et même des vignes. Au S. de la rivière est un marais très-considérable, nommé l'*étang*, ou *le lac de Grand-Lieu*; il donne beaucoup de poissons : mais comme il occupe un espace immense, on a souvent projetté de le dessécher, au moins en partie. Le commerce consiste en draperies, toiles de lin, velours de coton, plomb, vin, eau-de-vie, du sel, de la tourbe : on y trouve de fort beaux bestiaux; il y a des manufactures d'indienne et de toile de coton, on y fait de très-beau linge de table, etc.; objets auxquels il faut joindre tout ce qu'en tems de paix, on obtient de nos colonies. Ce pays a beaucoup souffert, non-seulement de la part des ennemis, rassemblés d'abord dans la Vendée, mais même par la conduite de quelques-uns de ceux qui s'y portoient pour les combattre. Sur la côte est l'île de *Noirmoûtier*. On nomme *île* une terre environnée d'eau de tous côtés. Le chef-lieu est NANTES, port sur la Loire : cette commune est bien bâtie et très-peuplée. *Etendue*, 352 l., ou plus exactement 706291 hectares.

11. *Dép. de Mayenne et Loire.* Ce dép. est

à l'E. du précédent : il tire son nom des deux rivières déjà nommées précédemment. Le pays est très-fertile : il produit des grains et des fruits abondamment ; il y a aussi des vignes et des carrières d'ardoises. Le commerce consiste en chanvres, lins, ardoises, vins blancs, eaux-de-vie, chandelles, fruits, confitures sèches, bougies, etc. Le chef-lieu est ANGERS, sur la *Mayenne* : cette commune est grande et assez jolie. *Etendue*, 370 l., ou plus exactement 718812 hectares.

12. *Dép. de la Vendée.* On ne prononcera pendant long-tems ce nom qu'avec douleur ! Ce dép. est au S.-O. du précédent, et s'étend à l'O. le long de la mer : il tire son nom d'une petite rivière qui y coule de l'E. à l'O. On divise ce pays en deux parties, l'une est appelée le *Bocage*, l'autre le *Marais.* Le premier est si beau et si fertile qu'il peut se passer de ses voisins, et que ses voisins ne peuvent se passer de lui : il produit cependant peu de froment, mais beaucoup de seigle, d'orge, de sarrazin, d'abondans pâturages qui y nourrissent beaucoup de bestiaux : la vue y est à chaque instant récréée par un spectacle enchanteur; au sortir d'un bois on rencontre des côteaux,

des prairies, des plaines, puis on rentre dans d'autres bois. Mais quelques richesses cependant qu'offre le Bocage, il n'est pas à comparer aux trésors des Marais, c'est-là que l'on voit croître le plus beau froment de toute la France, et toutes les autres espèces de blé, à l'exception du sarrazin; les prairies les plus grasses et les plus fertiles y nourrissent une multitude prodigieuse de bestiaux; les salines y sont abondantes et nombreuses; dans les plaines, non du côté de la mer, mais à l'Est, il existe beaucoup de vignes fort mal cultivées, qui produisent cependant d'excellent vin, et en assez grande abondance pour suffire aux besoins des habitans; le lin y croît facilement, dans les terres en repos, et chaque famille en file assez pour son propre linge : dans le pays on est fort attaché à ce genre de propriété ; mais ce terrain produirait encore davantage sans l'extrême attachement des habitans à leurs préjugés et aux vieilles routines. Le chef-lieu est FONTENAY, sur la *Vendée* : cette commune est assez jolie, mais pas grande ; à peu de distance est l'île d'*Yeu*. *Etendue*, 343 l., ou plus exactement 675464 hectares.

13. *Dép. de la Charente-inférieure*. Ce dép.

est au S.-E. du précédent : il tire son nom de la Charente, qui, après l'avoir traversé du S.-E. au N.-O. se rend dans la mer au-delà de Rochefort. Ce pays est très-fertile, et il renferme beaucoup de marais où l'on fait passer les eaux de la mer qui y dépose du sel; mais ces eaux, ainsi que beaucoup d'eaux douces, restant long-tems sur les terres dans un état tranquille, ou de stagnation, il en résulte un air mal-sain qui nuit beaucoup à la santé des habitans. On tire de ses marais, outre le sel, d'excellentes huîtres, que l'on apportoit ordinairement jusqu'à Paris. Sur les côtes on pêche d'excellentes sardines, espèce de petit poisson, moins gros que le hareng, mais d'un goût beaucoup plus délicat. Le chef-lieu est SAINTES, sur la *Charente*, au pied d'une montagne. Cette commune est ancienne et passablement grande; on y trouve de plus deux ports considérables; *Rochefort*, sur la *Charente*, à deux lieues, ou neuf kilomètres de son embouchure; c'est un des trois ports de la république pour la marine militaire; les vaisseaux y ont l'avantage de toucher la terre et de pouvoir être ainsi chargés et déchagés très-aisément. Assez près de la côte sont les îles de *Ré* et d'*Oleron*; cette dernière est la plus grande; la première est plus considérable et plus importante. La *Rochelle*, plus au N., est un port de mer très-commode, où se fait un grand commerce. *Etendue*, 355 l., ou plus exactement 716819 hectares.

14. *Dép. de la Gironde.* Ce dép. est au S. du précédent, et traversé par la rivière qui lui donne son nom, dans sa partie septentrionale, du S.-E. au N.-O. Ses productions les plus riches sont les vins que l'on divise en vins légers, blancs et rouges de Médoc, et de Grave, et en vins de cargaison, qui gagnent beaucoup à traverser la mer : ces derniers vins se recueillent assez généralement dans les palus, ou bords de la rivière. Les landes qui s'étendent au loin, dans la partie au S. de la rivière, produisent de la thérébentine et de la résine. Le commerce, outre celui du vin, consiste en eaux-de-vie, farines, huiles, laines, etc. et différens objets manufacturés pour les colonies. Le chef-lieu est BORDEAUX, *port*, sur la gauche de la Garonne. Cette commune est ancienne et célèbre. On y voit une belle place, de belles promenades et des monumens publics d'un excellent

excellent goût d'architecture. *Etendue*, 537 l., ou plus exactement 1082561 hectares.

15. *Dép. de la Dordogne.* Ce dép., situé au N.-E. du précédent, est traversé de l'E. à l'O. par la rivière qui lui donne son nom, et qui même y reçoit la Corrèze; en général ce pays est montueux et couvert de bois : il ne produit que peu de grains et de vignes; mais il abonde en gibier, en truffes, en noix et en châtaignes; il s'y trouve beaucoup de mines de fer. Le chef-lieu est PÉRIGUEUX, sur l'*Ille* : cette commune est ancienne et n'est pas belle : on y voit des restes d'antiquités. *Etendue*, 451 l., ou plus exactement 898281 hectares.

16. *Dép. de Lot et Garonne.* Ce dép. est au S. du précédent : il a pris son nom de deux rivières, la Garonne, qui le traverse du S.-E. au N.-O, et le Lot qui vient de l'E. se jeter dans la Garonne sur la droite. Les terres y sont fertiles en grains; on y recueille du vin; il s'y trouve beaucoup de gibier; on y commerce en étoffes de laine, en toile et en bétail. Le chef-lieu est AGEN, sur la *Garonne* : cette commune est assez peuplée. *Etendue*, 285 l., ou plus exactement 569708 hectares.

17. *Dép. du Lot.* Ce dép. est à l'E. du précédent, et prend son nom du Lot, rivière qui le traverse de l'E. à l'O., en le séparant en deux parties, à-peu-près égales. La partie septentrionale est traversée dans la même direction, par la Dordogne. Le pays est fertile en blé, en vins et en fruits; on y fait un grand commerce de pruneaux, de bétail, de blé, de vins et d'eaux-de-vie; on en tire aussi des laines très-estimées. Le chef-lieu est CAHORS, sur le *Lot*: cette commune est grande, mais médiocrement bien bâtie. *Etendue*, 362 l., ou plus exactement 714625 hectares.

18. *Dép. du Cantal.* Ce dép. est au S. du dép. du Puy-de-Dôme: il tire son nom d'une de ses principales montagnes, presque toutes restes d'anciens volcans. Ce pays est sur-tout abondant en pâturages: il s'y trouve aussi quelques vignes qui donnent d'assez bons vins. Le chef-lieu est AURILLAC, sur la *Jordane.* On y commerce de bestiaux, de fromages: il s'y fabrique des étamines, des raz, des dentelles, des tapisseries. *Etendue*, 294 l., ou plus exactement 574085 hectares.

19. *Dép. de l'Aveyron.* Ce dép. est à l'E. du

précédent, au S. de celui du Cantal, traversé du N. au S. par le méridien de Paris. Le Lot en arrose la partie septentrionale, et l'Aveyron, qui a sa source dans la partie orientale, le traverse de l'E. à l'O. Ce pays est montagneux, ce qui en rend l'air très-sain, et les terres abondantes en pâturages. Aussi y élève-t-on une grande quantité de bestiaux. Le chef-lieu est RHODEZ, sur l'*Aveyron*. Cette commune n'est pas très-considérable. *Etendue* 474 l., ou plus exactement 902072 hectares.

20. *Dép. de la Lozère.* Ce dép. est à l'E. de celui de l'Aveyron. Il a pris son nom d'une petite chaîne de montagnes qui en occupent la partie orientale : le Lot et le Tarn y ont leur source. Ces montagnes font partie de celles que l'on nomme montagnes du Gévaudan. Le pays est frais et peu fertile. Le Nord ne produit guère que du seigle; le centre, du froment, mais il n'est cultivé que dans les vallées. Le Midi ne produit que des châtaignes. Il y a des mines de plomb et des eaux minérales. Les seules manufactures du pays sont pour des étoffes de laine, dites *serges* et *cadis*. Le chef-lieu est MENDE sur le *Lot*. Etendue, 260 l., ou plus exactement 509347 hectares.

21. *Dép. de la Haute-Loire.* Le nom de ce département indique en même tems la rivière qui l'arrose et l'élévation physique du pays. On le nommoit autrefois *Velay*. Il renferme en effet beaucoup de montagnes, ce qui y donne du froid, et aussi d'excellens pâturages. Le chef-lieu est le PUY, sur la montagne d'Anis, près la Borne et la Loire. Le commerce y consiste en chevaux et mulets, en cuirs, étoffes de soie, etc. *Etendue*, 244 l., ou plus exactement 502858 hectares.

22. *Dép. de l'Ardèche.* Ce dép. est vers le N.-E. du précédent; le Rhône qui coule du N. au S. le borne à l'orient. Ce pays est montagneux, et offre de tous côtés des traces de volcans éteints. Le *Mezen* et le mont *Coïron* s'y distinguent entre les hautes montagnes. Ce dép. porte le nom d'une rivière qui se jette, à l'E., dans le Rhône. Le chef-lieu est PRIVAS, sur un lieu élevé. *Etendue*, 299 l., ou plus exactement 550009 hectares.

23. *Dép. de l'Isère.* Ce dép. a pris son nom d'une rivière considérable qui y entre en coulant du N.-E. au S.-O., puis remonte au N. et va se jeter à l'O. dans le Rhône. La partie orientale

est montagneuse, et donne d'excellens pâturages. Dans la partie occidentale, on recueille d'excellens vins sur les bords du Rhône. On estime sur-tout celui de la *côte de Saint-André*. Le chef-lieu est GRENOBLE sur l'*Isère* ; cette commune est grande et belle, et commandée par une forteresse. Au N.-O. sur le Rhône est *Vienne*, ville ancienne et grande, dont le commerce est considérable. *Etendue*, 286 l. ou plus exactement 841236 hectares.

24. *Dép. de l'Ain.* Ce dép. est au N. du dép. de l'Isère, et n'en est séparé que par le Rhône. Il a pris son nom d'une rivière qui le traverse à-peu-près du N.-E. au S.-O. Le pays est montagneux, cependant fertile en blé. On y trouve de bons pâturages. Le chef-lieu est BOURG sur la *Ressouse*, dans un lieu élevé. *Etendue*, 299. l. ou plus exactement 595463 hectares.

25. *Dép. du Jura.* Ce dép. est au N. de la partie orientale du dép. de l'Ain. Il a pris son nom de la chaîne de montagnes, qui s'étend considérablement du N. au S. dans la partie orientale de ce département, et forme, de ce côté, les bornes de la France. Il s'y trouve deux sortes de productions d'un mérite bien connu,

ce sont le sel que l'on obtient des fontaines minérales, et les excellens vins d'Arbois. Le chef-lieu est LONS-LE-SAUNIER, sur la *Furieuse*, ville médiocrement belle, près de laquelle on trouve du marbre noir et de l'albâtre jaspé. *Etendue*, 256 l. ou plus exactement 503368 hectares.

26. *Dép. du Doubs.* Ce dép. est au N.-E. du dép. du Jura. La rivière qui lui donne son nom le traverse du N.-E. au S.-E. dans la partie septentrionale. Toute la partie orientale est occupée par le Jura, où cette rivière a sa source. C'est dans ce dép. que passe la grande route qui conduit en Suisse. On y trouve beaucoup de pâturages et du bois. On y commerce en grains et en bestiaux. Le chef-lieu est BESANÇON, sur le *Doubs*. Cette commune est grande, belle et bien fortifiée. La citadelle est sur un rocher. *Etendue*, 251 l., ou plus exactement 530998 hectares.

27. *Dép. de la Haute-Saône.* Ce dép. est au N.-O. de celui du Doubs. Il prend son nom de la rivière qui y a sa source au-delà des montagnes de la partie septentrionale, dans celles que l'on nomme *les Vosges*. Le pays

est fertile en quelques espèces de grains et en pâturages. On y recueille beaucoup de maïs. Il y a aussi des vignes ; mais le vin n'en est pas recherché, parce qu'il est froid. Le chef-lieu est VESOUL, près le *Durgeon* ; cette commune est d'une médiocre grandeur, et n'est pas belle. *Etendue*, 265 l., ou plus exactement 500224 hectares.

28. *Dép. des Vosges.* Il est entièrement au N. du précédent. Les montagnes qui en occupent la partie méridionale, lui ont donné leur nom. Ce pays est assez abondant en vins dans la partie septentrionale. Il y croît des grains de toute espèce, du foin, du chanvre, du lin, etc. La partie occupée par les montagnes, et qui forme plus de la moitié du territoire y compris le pays appartenant ci-devant au duc de Salm, n'a que de l'orge, de l'avoine du sarrazin. Les pommes-de-terres et les foins y nourrissent le bétail. Les terres y sont cultivées par des bœufs. On y fait de bons fromages. Il y a du chanvre et du lin. Les forêts y fournissent des bois de construction, des bois pour la marine, des planches, des sabots, de la vaisselle de bois, etc. On y trouve aussi de la tourbe. Sur les montagnes il y a des pelouses

qui nourrissent de nombreux troupeaux; des ruisseaux qui forment des lacs. On y trouve du granit, des mines de plomb, d'or, d'argent et des carrières de marbre. Il y a plusieurs sources d'eau minérale, entre autres celles de *Plombières* et de *Contrexeville*. Le commerce y étoit considérable. Les soieries, les verreries, les forges, les papeteries, les fayanceries, les huileries et les filatures de coton y entretiennent encore l'industrie. Le chef-lieu est EPINAL, sur la *Moselle*, petite commune assez jolie. *Etendue*, 295 l., ou plus exactement 587960 hectares.

29. *Dép. de la Haute-Marne*. Ce dép. a pris son nom de Haute-Marne de ce qu'il renferme les parties du lit de cette rivière les plus élevées, dont les sources sont au S., où le terrain est très-haut. C'est aussi là que se trouvent les sources de la Meuse. Il est à l'O. du dép. des Vosges. On y recueille des grains et d'excellens pâturages. Le chef-lieu est CHAUMONT, sur une montagne près la *Marne*. C'est une commune de médiocre grandeur. *Etendue*, 405 lieues, ou plus exactement 633177 hect.

30. *Dép. de la Meuse*. Ce dép., au N. du

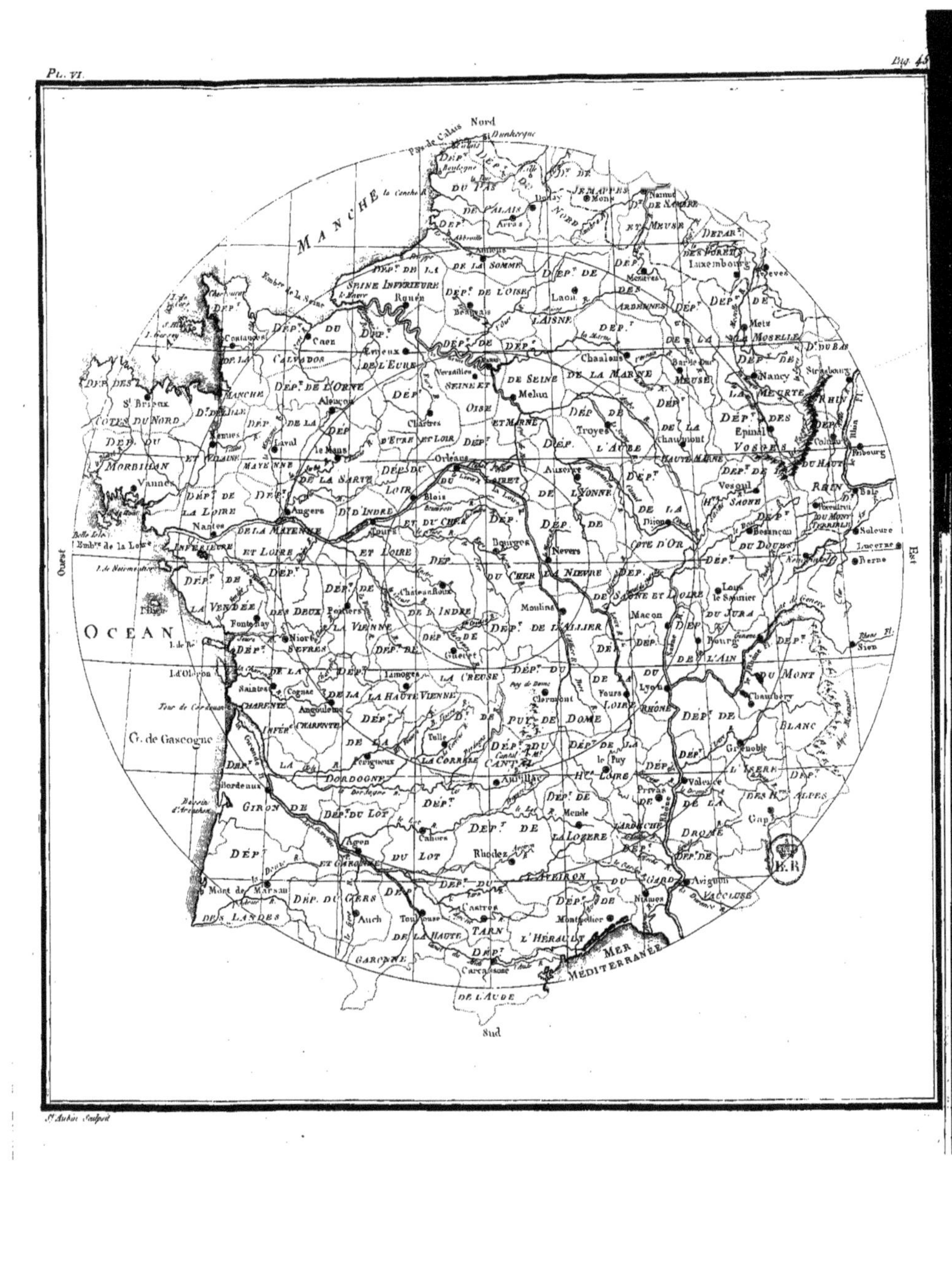

St Aubin Sculpsit

précédent, tire son nom de la rivière considérable qui le parcourt du S. au N. Il produit du blé, des vins; ceux de Bar sont estimés. Il y a de vastes forêts, dont l'exploitation sert aux forges, aux verreries, etc. Le commerce y consiste en vins, qui s'exploitent pour le Luxembourg et le pays de Liège. On y travaille en laine, et sur-tout en bonneterie. Le chef-lieu est BAR-SUR-ORNAIN. Cette commune est médiocrement grande. On l'a longtems nommée Bar-le-Duc. *Etendue*, 318 l., ou plus exactement 604444 hectares.

31. *Dép. de la Marne.* Ce dép. est à l'O. de celui de la Meuse. Il est traversé du S.-E. au N.-O. par la rivière qui lui donne son nom. Les terres y sont généralement crayeuses. On y recueille beaucoup de vins, presque tous pétillans, et portant plus à la tête que les vins de Bourgogne. Il s'y trouve des tanneries. Le chef-lieu est CHALONS-SUR-MARNE, situé dans une belle plaine. Cette commune est assez considérable, et il s'y fait commerce d'étoffes de laine. *Etendue*, 405 l. ou plus exactement 820280 hectares.

ARTICLE VII.

SOMMAIRE,

La sixième Carte offre un quatrième cercle. Il touche presque à l'extrémité de la France, et, dans toute sa circonférence, il indique les points qui se trouvent à 100 lieues ou 450 kilomètres du centre. Comme la France est de forme très-irrégulière, ce centre, en plusieurs endroits, comprend des parties de mer : dans toute la partie orientale, il embrasse des pays acquis à la république, et dont on ne parlera que rapidement. Les départemens compris entre le troisième et le quatrième cercle, sont :

DÉPARTEMENS.	CHEFS-L.	LONGITUDE.				LATIT.		
			°	′	″	°	′	″
Au Nord.								
1 Du Nord. . . .	Douay. . . .	oc.	0	25	41	50	17	37
2 Du Pas-de-Calais	Arras.	oc.	0	25	41	50	17	3
A l'Ouest.								
3 De la Manche	Coutances. .	oc.	3	46	35	49	2	54
4 Des Côtes du Nord.	S.-Brieuc. .	oc.	5	4	10	48	31	2
5 Du Morbihan	Vannes . . .	oc.	5		19	47	39	26
Au Sud.								
6 Des Landes. .	Mont-de-Marsan. . .	oc.	3	4	*	44	*	*

DÉPARTEMENS.	CHEFS-L.	LONGITUDE.				LATIT.		
			°	′	″	°	′	″
Au Sud.								
7 Du Gers....	Auch.....	oc.	1	45	4	43	38	39
8 De la Haute-Garonne....	Toulouse..	oc.	0	53	39	43	35	46
9 Du Tarn....	Castres....	oc.	0	5	44	43	36	11
10 De l'Aude...	Carcassone	oc.	0	0	49	43	12	45
11 De l'Hérault..	Montpelier	or.	1	32	25	43	36	29
12 Du Gard....	Nîmes....	or.	1	58	39	43	50	12
Au Sud-Est.								
13 De Vaucluse..	Avignon...	or.	2	28	10	43	56	88
14 De la Drôme.	Valence...	or.	2	33	10	44	55	59
15 Des Hautes-Alpes.......	Gap......	or.	3	44	47	44	33	37
A l'Est.								
16 Du Mont-Blanc.......	Chambéry..	or.	3	30	*	45	35	*
17 Du Mont-Terrible....	Porentruy..	or.	4	47	*	47	30	*
18 Du Haut-Rhin.......	Béfort....	or.						
Au Nord-Est.								
19 Du Bas-Rhin.	Strasbourg.	or.	5	24	36	48	39	56
20 De la Meurthe	Nancy....	or.	3	50	16	48	91	55
21 De la Moselle	Metz.....	or.	3	50	13	49	7	10
22 Des Ardennes	Mézières...	or.	6	23	*	49	45	*
23 Des Forêts...	Luxembourg..	or.	3	49	26	49	37	38
24 De Sambre et Meuse......	Namur....	or.	2	30	52	50	28	3
25 De Gemmape	Mons.....	or.	1	40	*	50	27	*

LEÇONS.

La sixième carte nous offre vingt-deux départemens, et même des portions de mer qui baignent les côtes de France. J'ai déjà dit que la mer occupe plus des deux tiers de la surface du globe terrestre. Il y a des États qui en sont éloignés, parce qu'ils se trouvent dans l'intérieur des terres. Mais la France a l'avantage d'avoir des ports, au Nord, à l'Ouest et au Sud.

La partie de la mer qui est au N.-O. se nomme la *Manche*, et au N. le *Pas-de-Calais.*

La partie de la mer qui est à l'O. se nomme l'*Océan*, et le golfe de Gascogne en fait partie. On appelle *golfe*, une portion de mer plus ou moins resserrée entre des terres.

La mer qui est au S. se nomme *Méditerranée*, c'est-à-dire au milieu des terres; c'est qu'en effet elle en est entourée. On le verra plus bas, Carte VIII.

Nous allons seulement parler ici des Départemens.

1. *Dép. du Nord.* Ce dép. occupe la partie la plus septentrionale de la France : il tire son nom de sa position. Il est incliné du N.-O. au S.-E., et, dans ce sens, est beaucoup plus étendu que dans l'autre. Il est traversé par la *Scarpe*, qui coule vers le N.-E. et l'*Escaut*, qui

qui coule vers l'Est. Le pays est fertile et bien cultivé : il y vient beaucoup de grains, du lin, du chanvre. On y commerce en toiles, dentelles, etc. Le chef-lieu est DOUAI, sur la *Scarpe*. Cette commune est grande, mais pas très-habitée. On trouve, en remontant vers le Nord, deux communes plus intéressantes. *Lille*, grande, bien bâtie et très-peuplée ; et *Dunkerque*, port de mer très-fréquenté. *Étendue*, 278 l., ou plus exactement 578439 hect.

2. *Dép. du Pas-de-Calais.* Ce dép. est au S.-O. du précédent : il a pris son nom de la portion de mer qui se trouve au N. Le mot *Pas* signifie ici *passage*, et une ville située sur ce passage, lui a donné son nom. Ce dép. a la mer au N. et à l'O. Il est très-fertile et l'on s'y occupe beaucoup d'agriculture. Le chef-lieu est ARRAS, sur la *Scarpe*. Cette commune est peuplée et assez bien bâtie. Il y a au N. et au N.-O. deux ports de mer très-intéressans. Le premier est *Calais*, port très-fréquenté par ceux qui vont en Angleterre et qui en reviennent : cette commune est fort petite. *Boulogne* est sur la côte occidentale : le passage pour aller en Angleterre s'y fait d'une manière très-prompte, ordinairement en deux

heures ou deux heures et demie, et, à cet égard, il a quelque avantage sur Calais. Cette commune est riche, bien peuplée, et séparée en haute et basse. L'aspect de la mer y est libre, et, de dessus les remparts, la vue y est très-belle. On voit très-bien jusques aux côtes d'Angleterre, pays dont on parlera bientôt. *Etendue*, 328 l., ou plus exactement 679693 hectares.

3. *Dép. de la Manche.* Ce dép., qui s'étend sur-tout du N. au S., a pris son nom de la partie de mer qui en baigne les côtes à l'O. et au N. Le pays produit beaucoup de pâturages et de pommes : on y fabrique des toiles et surtout des serges. Le commerce est en bestiaux, garance, laine, parchemin, dentelles, etc. Le chef-lieu est COUTANCE, sur la *Soule*. Cette commune est peu considérable. Elle est bâtie sur une hauteur, à une petite distance de la mer. C'est au N. qu'est le beau port de *Cherbourg*, le seul de la Manche où l'on puisse recevoir des vaisseaux de guerre, depuis les grands travaux que l'on y a faits : car il doit toute sa force aux ressources de l'art. *Étendue*, 318 lieues, ou plus exactement 675719 hectares.

4. *Dép. des Côtes du Nord.* Comme la France, de ce côté, s'avance considérablement et forme ce que l'on nomme une *presqu'île*, c'est-à-dire une terre entourée de trois côtés par les eaux, on a nommé *Côtes du Nord* celles qui, en effet, sont au Nord baignées par la Manche. Il produit des grains, sur-tout du maïs. Le chef-lieu est SAINT-BRIEUC, port de mer, assez petit. On y commerce en grains, en fer et en fil. *Etendue*, 353 l., ou plus exactement 736726 hectares.

5. *Dép. du Morbihan.* Ce dép. est au S. du précédent : il a pris son nom d'une espèce d'étang ou lagune, formée par les eaux de la mer au S., et que l'on nomme *Morbihan.* Les principales productions sont le maïs, le blé, le lin et le chanvre. Le chef-lieu est VANNES, petit port de mer, sur un canal qui communique avec le Morbihan. *Etendue*, 328 l., ou plus exactement 681710 hectares.

N. B. Dans ces deux départemens, ainsi que dans quelques autres de cette même partie de la France, la masse du peuple parle un langage que les savans reconnoissent pour être celui des plus anciens habitans connus de l'Europe. On le nommoit alors *langue Celtique*. On l'appelle aujourd'hui le *Bas-Breton*, parce qu'il n'est parlé que dans la partie basse du pays, qui se nommoit ci-devant la Bretagne.

6. ***Dép. des Landes.*** Ce dép. est dans la partie S.-O. de la république, ayant au N. celui de la Gironde et la mer à l'O. Il a pris son nom de la qualité de ses terres. On appelle *Landes*, des terres en quelque sorte stériles, qui ne produisent que des bruyères, des genêts et autres arbustes : telles sont celles de ce dép. Il est traversé dans la partie du S.-E., par la rivière appelée *Adour*, qui coule du N.-E. au S.-O. Le chef-lieu est MONT-DE-MARSAN, sur la *Douze*, commune assez peu considérable. *Étendue*, 468 l., ou plus exactement 900541 hectares.

7. ***Dép. du Gers.*** Ce dép. est à l'E. du précédent. Il a pris son nom d'une rivière qui le traverse du N. au S. Le pays est fort montagneux, cependant assez fertile. Le chef-lieu est AUCH, près le *Gers*, sur une montagne. Cette commune est grande, mais pas belle. Le commerce y consiste sur-tout en eau-de-vie. *Etendue*, 339 l., ou plus exactement 670101 hectares.

8. *Dép. de la Haute-Garonne.* Ce dép. est à l'E. du dép. du Gers : son nom lui vient de ce qu'il est vers le haut du cours de cette rivière, qui prend, un peu au-delà de Bordeaux, le nom de *Gironde*. Le pays est fort montagneux, mais fertile en beaucoup d'endroits. Il produit du grain et des pâturages : on y trouve de beau marbre. Le principal commerce est en bestiaux et sur-tout en mulets. Il existe dans quelques vallées des sources d'eau chaudes (ce que l'on nomme eaux thermales : elles sont du genre de celles que l'on nomme *médicinales*, et quelquefois *minérales*), dans lesquelles on se baigne pour se guérir des maladies auxquelles leurs vertus sont propres. Le chef-lieu est TOULOUSE, sur *la Garonne*. Cette commune est grande, mais ancienne. C'est tout près que commence un canal (espèce de rivière creusée par le travail des hommes) au moyen duquel on fait passer en bateau des marchandises qui viennent de l'Océan par la Garonne, et vont à la Méditerranée par le moyen de ce beau canal. *Étendue*, 373 l., ou plus exactement 755927 hect.

9. *Dép. du Tarn.* Ce dép. est au N.-E. du précédent : il est traversé dans sa partie septentrionale, par la rivière qui lui donne son

nom. On y recueille du froment, du seigle, de l'avoine, du maïs, du chanvre, des pommes-de-terre et quelques légumes : on y récolte aussi des vins, des fourrages, des châtaignes, du pastel, de l'anis. Il y a des mines de charbon de terre, de fer, de plomb : on y nourrit beaucoup de bestiaux. Le chef-lieu est CASTRES, sur l'*Argout*, qui partage cette commune en deux parties : on y fabrique des draps et d'autres étoffes de laine. *Étendue*, 269 l., ou plus exactement 576826 hectares.

10. *Dép. de l'Aude*. Il est au S. du précédent, arrosé par l'Aude qui lui donne son nom, et coule dans le sens du canal, du N.-O. au S.-E., puis à l'E. Ce pays produit des pâturages et des vignes. Le chef-lieu est CARCASSONE, sur l'*Aude*. Le commerce y consiste en vins, eau-de-vie, fruits, draps. *Étendue*, 324 l. ou plus exactement 651001 hectares.

11. *Dép. de l'Hérault*. Ce dép. est au N.-E. du précédent ; il touche à la mer méditerranée, dans toute la partie du S.-E. Son nom lui vient de sa principale rivière qui le traverse, à-peu-près du N. au S. On y récolte des grains et des fruits. Le chef-lieu est MONTPELLIER, sur une montagne, près du *Merdanson*. Cette commune

est grande, belle et fort peuplée : on s'y occupe avec succès, des études qui entrent dans la connoissance de la médecine. Il s'y fait aussi un assez grand commerce en draperies, laines, verd-de-gris, vins, huile, fruits secs, olives, etc. *Etendue*, 319 lieues, ou plus exactement 630941 hectares.

12. *Dép. du Gard.* Ce dép. est au N.-E. du dép. de l'Hérault. Il est borné à l'E. par le Rhône, fleuve considérable qui, depuis Lyon, dont il a été parlé page 20, coule au S., se jette dans la Méditerranée. Le Gard est une petite rivière qui traverse ce dép. du N.-O. au S.-E, et se jette dans le Rhône. Le pays est fort montagneux. Le chef-lieu est NIMES, dans une plaine fertile en blé, en olives et même en vignes. Cette commune est grande et riche. On y voit des monumens qui y existent depuis le tems des Romains, peuple qui possédoit la France plusieurs siècles avant les Français, dans un tems où toutes les terres de la république se nommaient *la Gaule*. *Etendue*, 292 l. ou plus exactement 599728 hectares.

13. *Dép. de Vaucluse.* Ce dép. est à l'E. du précédent, et s'en trouve séparé par le Rhône.

Il a pris son nom d'une source d'eau ou fontaine, depuis long-tems célèbre par la beauté sombre et agreste du local où elle se trouve. La Durance le borne au S. Le pays produit des mûriers, des oliviers, de la vigne. Le chef-lieu est AVIGNON, sur le *Rhône*. Cette commune est grande et belle. *Etendue*, 315 lieues (1), ou plus exactement 234562 hectares.

14. *Dép. de la Drôme*. Ce dép. est au N. de celui de Vaucluse : il a reçu son nom d'une rivière qui le traverse de l'E. à l'O. En général les terres y sont fertiles, et l'on y trouve d'excellens pâturages. Le chef-lieu est VALENCE, sur le *Rhône*. Cette commune est grande et ancienne : on y commerce sur-tout en étoffes de laine et en vins. *Etendue*, 311 l. ou plus exactement 675920 hectares.

15. *Dép. des Hautes-Alpes*. On appelle les *Alpes*, un massif considérable de montagnes, dont une partie borne la France de ce côté. Elles sont très-élevées dans la partie orientale de ce dép., ce qui lui a mérité son nom. Le pays est

(1) Avec le département des Bouches-du-Rhône.

fertile en grains ; il produit aussi beaucoup d'oliviers et des pâturages. La principale rivière est la *Durance*, qui coule du N.-E. au S.-O. Le chef lieu est GAP, sur la *Benne*, au pied d'une montagne. On trouve dans son territoire des eaux minérales. *Etendue*, 251 l. ou plus exactement 553574 hectares.

16. *Dép. du Mont-Blanc.* Ce dép. est au N.-E. de celui de l'Isère. Il est borné à l'E. et au S. par de hautes montagnes qui, quoiqu'ayant chacune des noms particuliers, font cependant partie de celles que l'on nomme les Alpes. C'est une de ces montagnes, la plus élevée de toutes, que l'on nomme le *Mont-Blanc*, (1) et qui a donné son nom au dép. Il y croît du blé, des légumes et des fruits abondamment. On y exploite du sel de l'espèce appelée, *sel Gemme*, qui est semblable au sel blanc, et que l'on trouve par pierres dans la terre; il y en a d'autres que l'on retire de l'eau de quelques fontaines, en faisant évaporer cette eau. Il y a des mines de plomb et des mines d'argent, des carrières de marbre et d'ardoises, des mines de fer. On y trouve même

(1) Au-dessus du niveau de la mer, 2391 toises.

de très-beaux cristaux naturels ; et, ce qui n'est pas moins utile, du charbon de terre. Le commerce consiste en fromage, beurre, huile de noix, mulets, veaux et moutons; verrerie, fer, soies, chanvre et pelleteries. On y fabrique des gazes très-recherchées, des bas, des bonnets, etc. Le chef-lieu est CHAMBÉRY, sur la *Leisse*, dans une vallée fertile : cette commune est grande et considérable. *Etendue*, 500 l. environ, ou plus exactement 2086848 hect.

17. *Dép. du Mont-Terrible.* On appelle ainsi l'une des montagnes de ce petit dép., qui se trouve à l'E. du dép. du Doubs, et au S. du dép. du Haut-Rhin, dont on parlera dans l'article suivant. Il est presque tout entouré de montagnes. Le pays est riche en pâturages, en arbres fruitiers de toute espèce, en bois, faine, glands, poix; en simples de tous genres, propres à la médecine, comme ceux des montagnes de Suisse. Le blé que l'on y récolte ne suffit pas à la consommation des habitans.

Le commerce y est principalement celui du bétail, des fromages, de fer, de l'acier. On y trouve deux forges considérables, où le fer est converti en gros lingots (dits *gueuses*) pour devenir ensuite un objet de commerce.

Il existe à une demi-lieue du chef-lieu de ce dép. une carrière de gyps, ou plâtre, qui s'exploite avec avantage et fournit cette matière à plus de 50 lieues à la ronde : on y emploie beaucoup de monde, et, tant pour le travail de l'exploitation que pour le commerce, c'est un objet très-important. Le chef-lieu est PORENTRUY, sur la *Halle*. Cette commune est petite, mais assez bien bâtie. *Etendue*, 198 l. carrées, ou plus exactement 117233 hectares.

18. *Dép. du Haut-Rhin.* Il est au N. du précédent, borné à l'E. par le Rhin, fleuve très-considérable, dont on parlera ailleurs. Les productions sont le froment, le blé de maïs, le seigle, l'orge, l'avoine, les légumes de différentes sortes; la navette, le colza, le chanvre, la garance; des vins, des fruits, des plantes potagères et des bois. On y exploite des mines de fer, de plomb, de charbon de terre. Il s'y fabrique des draps, des toiles, du papier. Il y a des forges, et près du chef-lieu une fabrique de montres, dont plusieurs pièces se travaillent par des procédés, dont le citoyen Frédéric Jeaupenis est l'inventeur : cette manufacture date de l'année 1774 et 1775. Le chef-lieu est COLMAR, dans un bassin,

entre le plateau des Vosges et celui de la Suisse. Cette commune est bien fortifiée. *Etendue*, 204, ou plus exactement 432378 hectares.

19. *Dép. du Bas-Rhin.* Ce dép. est au N. du précédent, et de même borné à l'E. par le Rhin. (Il s'étend un peu au-delà du 4e. cercle). Il est montagneux dans toute la partie occidentale. En général le pays est fertile en blé, en vins et en pâturages : il se trouve, dans les montagnes, des mines de plomb, de cuivre et même d'argent, ainsi que des eaux minérales. Le chef-lieu est STRASBOURG, sur l'*Ill.* Cette commune est ancienne, grande et belle : elle est bien fortifiée. A peu de distance est un pont de bois sur le Rhin. *Etendue*, 268 l., ou plus exactement 495580 hectares.

20. *Dép. de la Meurthe.* Ce dép. est à l'O. de celui du Bas-Rhin. Il a pris son nom d'une rivière qui commence au S. dans les Vosges, et remonte au N. se jeter dans la Moselle. Le pays est en général assez fertile; il s'y trouve beaucoup de bois et particulièrement des fontaines dont l'eau contient du sel que l'on obtient en fesant bouillir cette eau ce qui la

fait

fait évaporer : il ne reste alors que le sel. Le chef-lieu est NANCY, sur la *Meurthe*. Cette commune est grande, forte et bien bâtie : il s'y trouve une place magnifique. Le commerce y est très-actif. *Etendue*, 310 l., ou plus exactement 629007 hectares.

21. *Dép. de la Moselle*. Il est exactement au N. du précédent et produit des grains, de la vigne et du fourage. L'avoine y est quelquefois retardée par des pluies froides. Il y croît aussi des fruits, des légumes, des pommes-de-terre, du lin, du chanvre, du bois en grande quantité, mais qui, depuis la guerre, commence à y être plus rare. On y récolte des laines, et l'on y fabrique de gros draps. Tous ces objets entrent dans le commerce, aussi bien que l'eau-de-vie de fruits ou *Kirstchenwasser*, la poudre à poudrer, différens objets d'ébénisterie. Le chef-lieu est METZ, sur la *Moselle*. Cette commune est grande, forte et bien bâtie. Il y a de plus une bonne citadelle : elle est fort peuplée. *Étendue*, 328 l., ou plus exactement 630846 hectares.

22. *Dép. des Ardennes*. Ce dép. est au N.-O. du précédent. Il a pris son nom d'une vaste

6,

forêt qui en couvre la plus grande partie. Il est arrosé par deux rivières considérables, la *Meuse*, qui coule du S. au N. dans la partie orientale, et l'*Aisne* qui coule de l'E. à l'O. dans la partie méridionale. On y distingue trois natures de sol très-différentes. Toute la partie septentrionale est couverte de bois; et dans ces bois, beaucoup de terres sont incultes et si froides, que les habitans sont obligés de les brûler pour en tirer parti (c'est ce qu'on appelle dans le pays, *brûler les serres*) (1). Du côté du département de l'Aisne, on récolte assez abondamment du froment, du seigle, de l'orge, de l'avoine et du chanvre. Il y a beaucoup de communes, sur-tout au centre, où l'on trouve des arbres fruitiers, tels que pommiers, pruniers, cerisiers, etc. On y trouve aussi une assez grande quantité de vignes. Le commerce consiste sur-tout en étoffes de laine, les draps de Sedan sont très-estimés. On y commerce aussi des toiles. Il s'y trouve des mines de fer, d'ardoise, et des carrières de marbre. Il y a près de Mézières des tanneries,

(1) Les matières dont on se sert pour opérer la combustion de la terre, portent ce nom et lui servent d'engrais.

une fabrique d'armes à Charleville, et une fonderie de canons à Sedan. On remarque dans ce dép. un phénomène qui n'est connu, que je sache, par aucun ouvrage géographique. C'est une espèce de lac, situé sur une haute montagne; il ne reçoit aucune rivière, ni ruisseau propre à l'alimenter, et ne s'épanche jamais. Cependant il conserve exactement le même degré de hauteur. Les eaux en sont toujours également fraîches et limpides. On n'a pu mesurer la profondeur de ce lac, mais il est certain qu'il est très-profond. On essaya, il y a plusieurs années, d'y jeter un cordeau de soixante brasses, il n'atteignit pas le fond; on apprit seulement, par cette expérience, que ce lac, dans tout son circuit intérieur, allait en diminuant en fond de cuve. Les bords sont d'une terre argilleuse, qui, toujours mouillée, le rend en quelque sorte, innacessible, excepté cependant en été. C'est ce qui lui a fait donner le nom de *fosse aux mortiers*. Il est situé sur le territoire de *Signy*, à 4 lieues de Mézières. Il est probable que c'est le cratère ou large embouchure de quelque volcan éteint depuis un grand nombre de siècles. Le chef-lieu est MÉZIÈRES sur la *Meuse*, qui la sépare d'une autre commune nommée Charleville. Mézières est fortifiée, et de plus, a une bonne citadelle. *Étendue*, 278 l., ou plus exactement 525855 hectares.

N. B. Les trois dép. faisoient partie de la Belgique, appelée Pays-Bas.

23. *Dép. des Forêts.* Ce dép. est au N. du dép. de la Moselle : il renferme l'ancien duché de *Luxembourg*, pays montagneux et couvert de bois. Chef-lieu LUXEMBOURG, au S. sur l'*Else* qui la divise en haute et basse ville.

24. *Dép. de Sambre et Meuse.* Il est au N.-O. du précédent et renferme aussi des montagnes, des sortes de carrières de marbres, de mines de fer, de plomb, de houille etc. Chef-lieu, NAMUR, au confluent de la Sambre qui vient de l'O. et de la Meuse, entre deux montagnes.

25. *Dép. de Jemmappe.* Il est au N.-O. du précédent et à l'Est d'une partie du dép. du Nord. C'est l'ancien Hainaut. Le chef-lieu est MONS, bâtie en partie dans une plaine et en partie dans un terrain marécageux.

Pl. VII

Nord
Midi
Ouest
ANGLETERRE
LA MANCHE
OCEAN
ESPAGNE
MER MÉDITERRANÉE
ALLEMAGNE
SUISSE
DÉPt DE CORSE
Brest
Quimper
Vannes
Nantes
Rennes
Laval
Caen
Rouen
Amiens
Arras
Laon
Beauvais
Versailles
Melun
Chartres
Orléans
Blois
Tours
Angers
Alençon
Châlons
Troyes
Auxerre
Dijon
Besançon
Nancy
Épinal
Strasbourg
Colmar
Bourges
Nevers
Moulins
Poitiers
Niort
Fontenay
Saintes
Angoulême
Limoges
Guéret
Tulle
Périgueux
Bordeaux
Agen
Cahors
Rhodez
Mende
Auch
Toulouse
Castres
Montpellier
Carcassonne
Perpignan
Pau
Mont de Marsan
Lyon
Grenoble
Gap
Digne
Toulon
Valence
Privas
Bourg
Mâcon
Chambery
Berne
Lausanne
Turin
Stutgard
B.R.

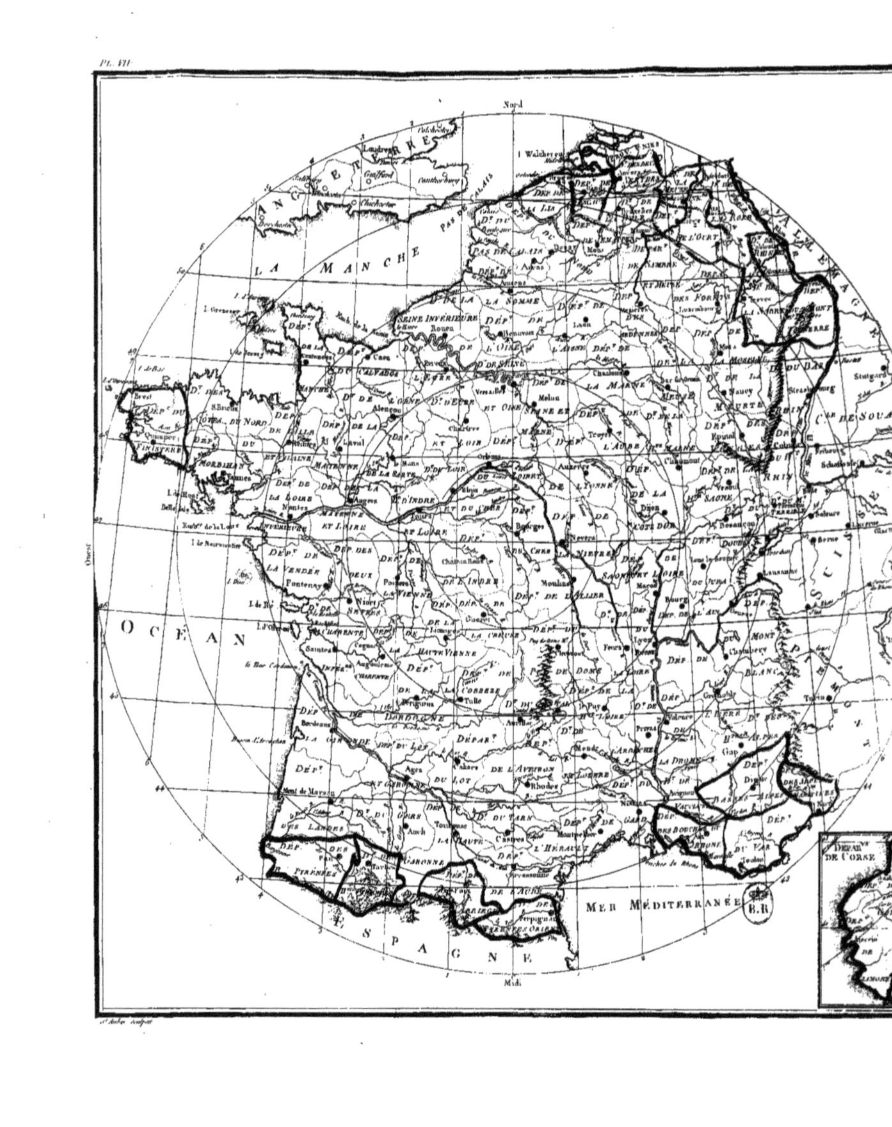

ARTICLE VIII.

SOMMAIRE.

La septième Carte offre un cinquième cercle, ce qui embrasse une étendue de 125 lieues de rayon ou 55 myriamètres, 6 kilomètres, autour du centre dont nous sommes d'abord partis. Mais il s'en faut de beaucoup que la France ait cette étendue. Aussi ne reste-t-il à parler que de quelques départemens qui se trouvent à environ 100 lieues du centre. Je prendrai occasion de l'étendue de cette carte, pour faire connoître les États principaux qui avoisinent la France, mais dont on concevra mieux la grandeur et la position par l'inspection de la carte d'Europe qui va suivre.

Les départemens compris entre le quatrième et le cinquième cercle, sont :

DÉPARTEMENS.	CHEFS-L.	LONGITUDE.				LATIT.		
			°	′	″	°	′	″
A l'Ouest.								
1 Du Finistère.	Quimper. .	oc.	6	26	0	47	58	29
Au Sud-Ouest.								
2 Des Basses-Pyrénées. . . .	Pau.	oc.	0	29	*	43	16	*
3 Des Hautes-Pyrénées . . .	Tarbes . . .	oc.	2	16	1	43	16	52
4 De l'Arriège.	Foix	oc.	0	45	*	43	2	*
5 Des Pyrénées orientales . . .	Perpignan .	oc.	0	35	35	42	41	53

DÉPARTEMENS.	CHEFS-L.	LONGITUDE.				LATIT.		
			°	′	″	°	′	″
Au Sud.								
6 Des Bouches du Rhône . . .	Aix	or.	3	6	32	43	31	48
7 Du Var. . . .	Toulon. . .	or.	3	35	26	43	7	16
8 Des Basses-Alpes	Digne . . .	or.	3	64	4	44	5	18
Au Sud-Est.								
9 Des Alpes-Maritimes . . .	Nice	or.	4	56	22	43	41	47
Au Sud.								
La Corse; formant deux Dép. savoir.								
10 De Golo . . .	Bastia. . . .	or.	7	6	30	42	41	36
11 De Liamone.	Ajacio . . .	or.	6	40	*	41	50	*
Au Nord-Est.								
12 Du Mont-Tonnerre . . .	Mayence . .	or.	6	*	*	49	54	&
13 De la Sarre. .	Trêves . . .	or.	4	18	5	49	46	37
14 Du Rhin et Moselle	Coblentz. .	or.	5	14	*	50	22	&
15 De la Roër. .	Aix-la-Chapelle. . .	or.	3	55	*	51	15	&
16 De l'Ourthe .	Liège	or.	3	11	27	50	39	22
17 De la Meuse-inférieure . . .	Maestricht .	or.	3	20	46	50	51	7
18 Des Deux Nethes.	Anvers . . .	or.	2	3	42	51	13	10
19 De la Dyle. .	Bruxelles. .	or.	2	2	0	50	50	59
20 De l'Escaut. .	Gand	or.	1	23	20	51	3	15
21 De la Lys . . .	Bruges . . .	or.	0	53	13	51	12	20

LEÇONS.

1. *Dép. du Finistère.* Ce dép. termine la

France à l'Occident. Il se trouve à l'extrémité d'une presqu'île que forment les terres de ce côté. De-là le nom de *Finistère*, ou fin de la terre, qui lui a été donné à si juste titre. La terre n'y est par trop fertile, excepté en quelques espèces de grains. Le chef-lieu est QUIMPER sur l'*Odet*. Cette commune est grande, mais pas belle. On trouve de plus à l'O. *Brest*, superbe port de mer, très-fortifié. Le peuple des campagnes n'y parle généralement que le Bas-Breton, dont on fait aussi usage dans les grandes communes. C'est un des trois ports dans lesquels il peut être construit des vaisseaux de guerre. *Etendue*, 343 l., ou plus exactement 693389 hectares.

2. *Dép. des Basses-Pyrénées.* On nomme *Pyrénées* de hautes montagnes qui se trouvent de ce côté, à l'endroit où finit la France, et où commence un autre Etat, que l'on nomme Espagne. Ces montagnes vont en s'abaissant du côté de l'Ouest, vers la partie de la mer, que l'on nomme Golfe de Biscaye. Tout le pays est fort montagneux. Il y vient des fourages, du bois, etc. Le chef-lieu est PAU, sur une rivière que l'on nomme *Gave de Pau*. Cette commune est peuplée et commerçante. A

l'embouchure de *l'Adour* est *Bayonne*, port où se fait un assez grand commerce. *Etendue*, 388, l. ,ou plus exactement 755957 hect.

3. *Dép. des Hautes-Pyrénées.* La chaîne de montagnes qui, dans le dép. précédent paroît s'abaisser jusqu'à la mer, s'élève fort haut dans ce dép. nommé par cette raison, des Hautes-Pyrénées. Ce pays est connu, sur-tout par ses beaux marbres, tels que ceux que l'on nomme *Verd Campan*, *Sarracolin*, etc., et par ses eaux minérales et *thermales;* telles sont celles de *Bagnères* et de *Barèges.* Les vallées de ces montagnes donnent d'excellens pâturages. Le chef-lieu est TARBES sur l'*Adour*, commune qui n'a rien de remarquable. *Etendue*, 255 l., ou plus exactement 469919 hectares.

4. *Dép. de l'Arriège.* Ce dép. est au S. de celui de la Haute-Garonne. Il a pris son nom de l'Arriège, qui le traverse du S. au N. et va se rendre dans la Garonne. Le pays est fort montagneux, et très-froid sur les montagnes. On y recueille d'excellens pâturages. Le chef-lieu est FOIX sur l'*Arriège.* Cette commune est petite, et cependant assez commerçante,

Etendue, 244 l., ou plus exactement 529544 hectares.

5. *Dép. des Pyrénées - Orientales.* On a donné ce nom à la partie des Pyrénées qui est vers l'Orient, et s'abaisse vers la Méditerranée. Ce dép. a la mer méditerranée à l'E., et le dép. de l'Aude au N. Il est traversé de l'O. à l'E par le *Tet*, qui s'y rend à la mer. Ce pays est fort montagneux; cependant il produit du vin, des pâturages, du blé et des oliviers. Le chef-lieu est PERPIGNAN sur le *Tet*, commune assez considérable. *Etendue*, 212 l., ou plus exactement 411379 hectares.

6. *Dép. des Bouches-du-Rhône.* Le Rhône est un fleuve considérable par sa largeur, la longueur et la rapidité de son cours. Il a sa source dans une des montagnes des Alpes, en Suisse. Il coule d'abord de l'E. à l'O., traverse le lac de Genêve, entre en France, et vient jusqu'à Lyon; de cette commune, il tourne au S., et se rend dans la mer méditerranée par plusieurs embouchures qui laissent entre elles de vastes terrains, la plupart arides. Dans ceux qui ne le sont pas, on élève des bœufs, des chevaux, des moutons. Ce dép. a au N.

la *Durance*, rivière qui le sépare du dép. de Vaucluse. Le chef-lieu est AIX, dans une grande plaine près de l'Arc. Cette commune est grande et belle. Au S. est *Marseille*, port de mer riche et considérable; cette commune est très-ancienne, ornée, grande et très-peuplée. On y commerce sur-tout en fruits, en huile, etc. *Etendue*, 313 l. ou plus exactement 601964 hectares, avec le départ. de *Vaucluse*. *Voyez* p. 49.

7. *Dép. du Var.* Ce dép. est au N.-E. du précédent; il a aussi la mer méditerranée au S. En général le pays est sec et chaud. Il y croît des olives, des oranges, des citrons. Les pâturages y sont rares; aussi y élève-t-on beaucoup plus de moutons que de bœufs. Le chef-lieu est TOULON, port de mer, magnifique et très-fortifié. C'est un des trois ports de France, où peuvent entrer les vaisseaux de guerre. A une certaine distance, au N.-E. est le petit port de *Fréjus*, entouré de marais, qui en rendent l'air mal-sain; et peu loin, *Antibes* petit port. A-peu-près à égale distance de Fréjus et de Toulon, sont les îles d'Hyères, peu éloignées de la côte. Ces îles produisent une très-grande quantité d'oranges, de citrons,

de grenades ; le ciel y est presque toujours beau. *Étendue* , 378 l. , ou plus exactement 725586 hectares.

8. *Dép. des Basses-Alpes.* Ce département comprend la partie des Alpes la moins élevée du côté de la France. La rivière principale est la Durance, dont le cours, très-rapide, se termine dans le Rhône, au-dessous d'Avignon. Le chef-lieu est Digne, sur la *Bléone*, au pied des montagnes. On trouve dans son territoire des bains chauds assez estimés. *Etendue*, 373 lieues, ou plus exactement 745013 hect.

9. *Dép. des Alpes-Maritimes.* Ce dép., situé au pied de la partie des Alpes qui s'abaisse vers la mer, en a reçu son nom, Il est au N. du précédent. Le pays est couvert de montagnes, et divisé en un grand nombre de petites vallées. On y recueille peu de blé, mais le vin y est bon, et l'huile excellente. Il règne presque continuellement, sur la côte, un printems perpétuel. Le chef-lieu est Nice, port de mer ; cette commune est jolie et fortifiée de murs et d'un rempart ; un peu à l'E. sur la côte est *Monaco*, petit port sur un rocher. *Étendue* en hectâres, 322677.

DÉPARTEMENS DE L'ÎLE DE CORSE.

L'île de Corse est dans la Méditerranée, au S. du golfe de Gènes. Elle est coupée en parties orientale et occidentale par le septième degré de longitude; et en parties septentrionale et méridionale par le quarante-deuxième degré de latitude. L'intérieur de l'île est occupé par de hautes montagnes. Les plus considérables sont le *Monte-Rotondo*, qui a 1371 toises d'élévation, et le *Monte-d'Oro*, qui en a 1361. Les principales rivières sont le *Golo* et le *Tavignano*, qui coulent de l'O. à l'E. Les principales productions sont des vignes, des grains, des olives, des bois de construction, de la soie, etc.

Cette île, depuis le premier juillet de l'an 2 de la république, est divisée en deux départemens. On lui donne de surface 55556863 hectares, et une population de 230,530 habitans qui, pour le plus grand nombre, sont vifs et spirituels.

10. *Dép. du Golo*, à l'E. Il a pris son nom du fleuve qui l'arrose. Chef-lieu, BASTIA, port de mer, à l'E., dans la partie septentrionale.

trionale. Cette ville est bien bâtie, et a un château fort.

11. *Dép. de Liamone*, à l'O. Il a pris son nom de son principal fleuve. Le chef-lieu est AJACCIO, sur un petit golfe, avec un port sûr et commode.

N. B. Il faut remonter vers le N. de la Carte jusqu'au 49e. degré de latitude.

12. *Dép. du Mont-Tonnerre.* Il a pris son nom d'une montagne qui en occupe à-peu-près le milieu. Le pays est fertile, produit sur-tout de bons vins. Chef-lieu, MAYENCE, sur la rive gauche du Rhin, qui l'entoure en partie, en face de l'embouchure du Mein. Elle est mal bâtie et d'un aspect désagréable. (*On n'a pas encore la juste étendue de ce département non plus que des suivans.*)

13. *Dép. de la Sarre.* Il a pris son nom d'une rivière qui s'y rend dans la Moselle. Ce pays produit de bons vins. Le chef-lieu est TRÊVES, sur la Moselle, remarquable sur-tout par le grand nombre de ses églises. On y voit des restes d'antiquités.

14. *Dép. de Rhin et Moselle.* Il est au N. des deux précédens, et donne à-peu-près les mêmes productions. Le chef-lieu est COBLENTZ. Le nom de cette ville est une altération du latin *confluentia*; c'est-à-dire, confluent, parce que la Moselle s'y rend dans le Rhin : cette ville est assez jolie. En face, de l'autre côté du Rhin, est la forteresse de Erenbreistein, long-temps assiégée par les Français, l'an VI de la république.

15. *Dép. de la Roër.* Ce dép., qui a pris son nom d'une rivière qui l'arrose du N. au S. dans sa partie orientale, est fort étendu dans ce sens. On y trouve des mines de charbon de terre, des eaux thermales. Le chef-lieu est AIX-LA-CHAPELLE, qui n'est pas une belle ville. Sur le Rhin, est la ville de Cologne, à l'Est.

16. *Dép. de l'Ourthe.* Il a pris son nom d'une rivière qui en arrose une partie en venant du S. au N. se rendre dans la Meuse. Ce pays renferme des mines de houille, des eaux minérales. Le chef-lieu est LIÈGE, sur la Meuse, ville très-peuplée, mais pas belle.

17. *Dép. de la Meuse-Inférieure.* Ce dép. est

au N. du précédent. Le chef-lieu est MAESTRICHT, ville assez bien bâtie, sur la Meuse.

18. *Dép. des Deux-Nethes.* Ce dép. a pris son nom de deux petites rivières qui viennent de l'E., se réunissent et tombent dans l'Escaut. C'est le plus septentrional des départemens de la France. Le chef-lieu est ANVERS, port assez considérable, sur l'Escaut, et ville passablement jolie.

19. *Dép. de la Dyle.* Ce dép. a pris son nom de la Dyle, qui l'arrose du S. au N. dans sa partie orientale. Ce pays est beau et fertile. Le chef-lieu est BRUXELLES, sur la Senne. C'est une ville considérable par sa population et son commerce.

20. *Dép. de l'Escaut.* Ce dép. tire son nom d'un fleuve qui le traverse de l'O. à l'E. C'est un pays fertile et bien cultivé. Le chef-lieu est GAND, sur un canal. C'est une grande ville, mais qui n'est pas peuplée à proportion de son étendue.

21. *Dép. de la Lys.* Il a pris son nom de la rivière qui en arrose la partie du S.-E. Il est bordé par la mer au N.-O. Le chef-lieu est BRUGES, sur un canal, dans une belle plaine.

Tels sont les départemens de la France, dont le nombre se monte à 101.

ARTICLE IX.

SOMMAIRE.

Les pays, dont les noms se trouvent exprimés sur la septième Carte, et compris entre le quatrième et le cinquième cercle, sont :

ÉTATS.	CAPITALES.	LONGITUDE.				LATIT.		
			°	′	″	°	′	″
Au Nord.								
Les Provinces-Unies	Amsterdam	or.	2	31	30	52	21	56
L'Angleterre ..	Londres ..	oc.	2	25	47	51	30	49
A l'Est.								
L'Allemagne ..	Vienne...	or.	14	1	30	48	12	36
	Berlin....	or.	11	2	0	52	31	30
	Dresde...	or.	11	21	39	51	2	5
La Suisse	Bâle.....	or.	5	15	12	47	33	34
	Genève...	or.	3	48	30	46	12	17
Le Piémont...	Turin....	or.	5	20	0	45	4	14
Au Sud.								
L'Espagne....	Madrid...	oc.	5	32	0	40	25	18

Par-tout ailleurs c'est la Mer.

Mais on connoîtra mieux l'étendue de ces pays sur la Carte d'Europe, que je vais d'écrire. Voyez article VIII.

LEÇONS.

Nous venons de voir toutes les divisions intérieures du territoire de la République française. Mais nous avons déja vu plus haut qu'il y a presque un tiers de la surface du globe terrestre, couvert de terres habitées ou habitables; il faut donc que nous arrivions à en prendre, au moins, une légère connaissance. Pour y réussir, prenons la carte VIII, qui a pour titre *Europe*. Voyons ce que signifie ce nom.

Les terres qui sont visibles à la surface du globe sont, en beaucoup d'endroits, séparées entre-elles par des mers; cela a donné lieu à la division de la surface de la terre en quatre parties : L'une d'elles se nomme *Europe ;* et c'est dans celle-là qu'est la France. Elle est divisée en plusieurs Etats, ainsi qu'on le voit sur la carte VIII.

Nous sommes partis du centre de la France, pour arriver à la connaissance de tous les départemens; nous allons actuellement partir de la France entière, pour traiter des pays qui l'environnent; et, de proche en proche, arriver ainsi, jusqu'aux bornes mêmes de l'Europe.

Au Nord.

PAS-DE-CALAIS. Nous voyons d'abord au Nord de la France, que la partie de mer qui s'y trouve, et qui porte le nom de *Pas-de-Calais*, n'est qu'un intervalle de sept à huit lieues, au-delà duquel est le royaume d'Angleterre.

Le pays que l'on nommoit *Belgique* forme aujourd'hui 7 Départemens.

PROVINCES-UNIES. Au-delà de la Belgique, est un pays partagé en sept provinces principales. On les comprenoit tous ensemble sous le nom de *Provinces-Unies*, actuellement *République Batave*. La Hollande est la plus considérable par son étendue et ses richesses; et la principale ville de cette province est *Amsterdam*, où les vaisseaux arrivent en quittant la mer, pour entrer dans une espèce de grand golfe que l'on nomme *Zuidersée*.

Au N.-E. et à l'E. au S.-E.

ALLEMAGNE. L'Allemagne est un fort grand pays qui renferme beaucoup d'États, dont quelques-uns seulement se gouvernent eux-mêmes comme la France et les Provinces-Unies. Presque tous ont à la tête de l'état, un seul homme qui en prend le titre de souverain. Dans un pays c'est un Duc; dans un autre c'est un Comte, on dit aussi Margraff, Landgraff; mais, de tous les titres de souverain, ceux qui indiquent de plus grands états, une puissance plus grande, ce sont ceux de *Roi* et *d'Empe-*

reur. Tous les princes d'Allemagne, entre lesquels on compte quelques rois, ont à leur tête un souverain que l'on nomme Empereur. C'est parce que sa famille possède depuis long-tems un petit pays appelé l'*Autriche*, que l'on dit en parlant, la *Maison d'Autriche.* La Westphalie, les deux Saxes, les Cercles du Haut et Bas-Rhin, la Souabe, la Franconie, la Bavière, l'Autriche, etc. sont autant de pays compris dans l'Allemagne; mais qui vont éprouver des changemens. On trouve même au centre à-peu-près, un petit royaume que l'on nomme la Bohême. Les villes de *Vienne*, de *Berlin*, de *Dresde*, et de *Francfort*, sont les villes les plus considérables de l'Allemagne.

Suisse. Au-delà des dép. du Jura et du Doubs, il y a un pays que l'on nomme la *Suisse.* On s'y gouverne en république; c'est un pays libre qui ne reconnaît de souverain que les lois. Il étoit divisé en 13 parties principales, que l'on uommoit les *Treize-Cantons*; c'est à présent la République Helvétique. Le plus considérable par son étendue et ses richesses, est le canton de Berne. Au midi et au S.-E. de la Suisse, sont les plus hautes montagnes de l'Europe. Elles forment avec celles dont nous avons parlé, (page 49.), un massif très-considérable, sous le nom de *Montagnes des Alpes.* Le Rhin y prend sa source et remonte au nord, en côtoyant la France; il se rend à la mer, après avoir traversé les Provinces-Unies.

Italie. Au-delà des Hautes et Basses-Alpes, est le pays que l'on nomme Piémont, comme qui diroit, *pays au pied des montagnes.* Ce pays a un souverain, qui prend le titre de Roi de Sardaigne. C'est qu'en effet la Sardaigne lui appartient. C'est une île qui se trouve au S. dans la Méditerranée. On lui a donné le titre de royaume. Il est en Italie.

L'Italie a la forme d'une botte, et se trouve ainsi presque toute environnée de mer. Elle renferme les Etats du Roi de Sardaigne, la République Cisalpine, la Rép. Romaine, le royaume de Naples; et presque toute l'ancienne République de Venise qui est passée à l'Autriche. Les villes les plus considérables de l'Italie sont *Turin* (1), *Gênes* (2),

(1) Turin. or. 5° 20′ 0″. 45° 4′ 19″.

(2) Gênes. or. 6° 36′ 37″. 44° 25′ 0′.

Milan (3), *Venise* (4), *Rome* (5), *Naples* (6), et sont le chef-lieu, ou, comme on dit hors de la France, les capitales d'autant d'Etats différens. A l'extrémité de l'Italie, est une grande île que l'on nomme la *Sicile*, dans laquelle est une haute montagne qui jette presque continuellement des flammes. Cette montagne n'est pas la seule de ce genre; on les désigne par le nom de *volcans*.

Au S. est *Malte*, île très-fortifiée.

ESPAGNE. *Portugal.* Au S.-O. de la France, au-delà des Monts-Pyrénées, il y a une grande presqu'île, qui renferme deux royaumes. Le plus grand porte le nom d'*Espagne*; il est riche et peuplé; la capitale est *Madrid*, et la ville la plus commerçante est *Cadix* au S. L'autre royaume s'étend du S. au N. à l'Ouest de l'Espagne, et n'est ni aussi grand, ni aussi peuplé; c'est le *Portugal*, dont la capitale est *Lisbonne* (7), port de mer à l'embouchure

(3) Milan. or. 6° 51′ 45″. 45° 27′ 57″.

(4) Venise. or. 10° 21′ 45″. 45° 27′ 20″.

(5) Rome. or. 10° 7′ 30″. 41° 53′ 54″.

(6) Naples. or. 11° 57′ 30″. 40° 50′ 15″.

(7) Lisbonne. oc. 11° 26′ 40″. 38° 42′ 20″.

d'une rivière qui commence en Espagne, et que l'on nomme le *Tage*.

Au N. de l'Europe.

ANGLETERRE. Au N. du Pas-de-Calais et de la Manche, sont deux îles, dont une, et c'est la plus grande, porte le nom d'Angleterre, l'autre celui d'Irlande. Ces deux îles, avec plusieurs autres plus petites, forment l'Etat que l'on nomme *royaume* d'*Angleterre*. La partie septentrionale de la plus grande de ces îles, porte le nom d'*Ecosse*. La capitale de l'Angleterre est *Londres* (1), grande et belle ville sur la *Tamise*. La capitale de l'Ecosse est *Edimbourg* (2); celle de l'Irlande est *Dublin* (3).

DANEMARCK. Au nord de l'Allemagne on trouve une presqu'île, et quelques îles. Elles sont la partie la plus importante d'un petit royaume que l'on nomme *Danemarck*. C'est dans une de ces îles qu'est à l'E. la capitale nommée *Copenhague*, port de mer. Au nord au-delà de la mer, est un pays nommé *Norvège*, qui fait partie du Royaume de Danemarck,

(1) Londres. oc. 2° 25′ 47″. 51° 30′ 49.

(2) Edimbourg. oc. 5° 30′ 30″. 55° 57′ 57″.

(3) Dublin. oc. 8° 39′ 0″. 53° 21′ 11″.

aussi bien qu'une île éloignée vers le N.-O. et que l'on nomme *Islande.* Il y a dans cette île plusieurs volcans : le plus considérable, est appelé *Mont-Hécla.*

SUEDE ET MER-BALTIQUE. On voit qu'il est possible de tourner autour de la partie du Danemarck qui tient à l'Allemagne, en allant par mer. Le passage qui est entre les îles et la terre à l'Est, se nomme le *Sund,* et la mer dans laquelle on entre ensuite, se nomme *Mer Baltique.* Elle s'étend du S. au N. Les terres qui sont à l'Ouest et au Nord de cette mer, forment le royaume de *Suède*, où il y a beaucoup de montagnes, avec des bois propres à la construction des vaisseaux, renfermant des mines de fer et de cuivre très-abondantes. La capitale est *Stockolm* (1).

RUSSIE. Le vaste pays qui est à l'E. de cette mer, se nomme *Russie Européenne*, ou Russie d'Europe. Dans ce pays, les habitans des campagnes et la plupart des domestiques, sont des espèces d'esclaves qui n'ont pas la liberté de leurs personnes, ni d'aucune propriété. On les vend avec la terre, comme on

(1) Stockolm. or. 15° 43′ 45″. 59° 20′ 31″.

vend une ferme avec les bestiaux qui y sont nourris. Ce pays n'est pas peuplé à proportion de son étendue. Le souverain y prend le titre d'Empereur; et, si c'est une femme, celui d'Impératrice. La capitale se nomme *Pétersbourg* (1); c'est une grande et belle ville, mais l'hiver y est bien long, et le froid y est bien rigoureux.

POLOGNE ET PRUSSE. Au S.-E de la Mer Baltique, se trouve 1°. la *Prusse*, petit pays avec le titre de royaume, dont la capitale est *Kœnisberg* (2); 2°. Au S. de la Prusse, la *Pologne*, pays plus étendu que le précédent, et très-fertile en blé, n'existe plus comme royaume La capitale étoit *Warsovie* (3).

HONGRIE. Au S. de la Pologne est un pays montagneux, riche en mines, produisant l'excellent vin de Tokai, c'est la Hongrie; la capitale est *Presbourg* (4), sur le Danube. Ce fleuve, dont on peut aisément suivre le cours sur la carte, commence en Allemagne au N.-E. de la Suisse,

(1) Pétersbourg. or. 27° 59′ 0″. 59° 56′ 23″.

(2) Kœnisberg, non encore bien observée.

(3) Warsovie. or. 18° 40′ 30″. 52° 14′ 28″.

(4) Presbourg. or. 14° 50′ 30″. 48° 8′ 7″.

coule

coule à l'Est et va se rendre dans la mer Noire.

Mer-Noire et Crimée. On nomme *Mer-Noire*, une très-grande étendue de mer qui se trouve à l'E. d'une partie considérable de l'Europe. On y remarque à la partie septentrionale une grande presqu'île qui se nomme la *Crimée*. Elle appartient actuellement à la Russie, qui s'étend depuis la mer Glaciale jusqu'à la mer Noire, dans une étendue de près de 500 lieues. Il y fait assez chaud sur les bords de cette dernière mer.

Turquie d'Europe. Le pays compris entre la mer Noire et le golfe de Venise, porte le nom de *Turquie*. On le désigne par le surnom d'*Européenne*, et l'on dit la *Turquie Européenne*, ou la Turquie d'Europe, pour la distinguer d'une autre partie de ce même empire, que l'on nomme Turquie d'Asie. Les habitans de ce pays sont à peu-près aussi des esclaves. Le souverain y prend le titre de Sultan : nous lui donnons celui d'Empereur. Les habitans y parlent une langue et ont une écriture tout-à-fait différentes de toutes celles de l'Europe. Ils sont vêtus de longues robes, n'ont pas de cheveux, mais de grosses coëffures qui leur couvrent la tête. Les habillemens de ce genre, sont désignés généralement par le nom d'habits orientaux. Nous appelons *Turcs* les habitans de ce pays; ils s'en sont emparés il y a environ 600 ans. Les peuples qui en étoient les maîtres avant eux se nommoient les Grecs: la capitale est *Constantinople* (1), port de mer superbe et parfaitement bien situé.

Méditerranée. Détroit de Gilbraltar. On nomme mer *Méditerranée*, c'est-à-dire, qui est au milieu des terres, la portion de mer qui est au S. de l'Europe. A l'O. elle communique avec une mer bien plus grande, que l'on nomme *Océan;* on en parlera bientôt. La partie resserrée entre les terres, par laquelle ces deux mers communiquent entre elles, se nomme *Détroit de Gibraltar* (2); il est au midi de l'Espagne.

Iles de la Méditerranée. Les îles que

---

(1) Constantinople. or. 26° 35′ 0″. 41° 1′ 27″.

(2) A Gibraltar, la pointe appelée d'Europe. oc. 7° 39′ 46″. 36° 6′ 30″

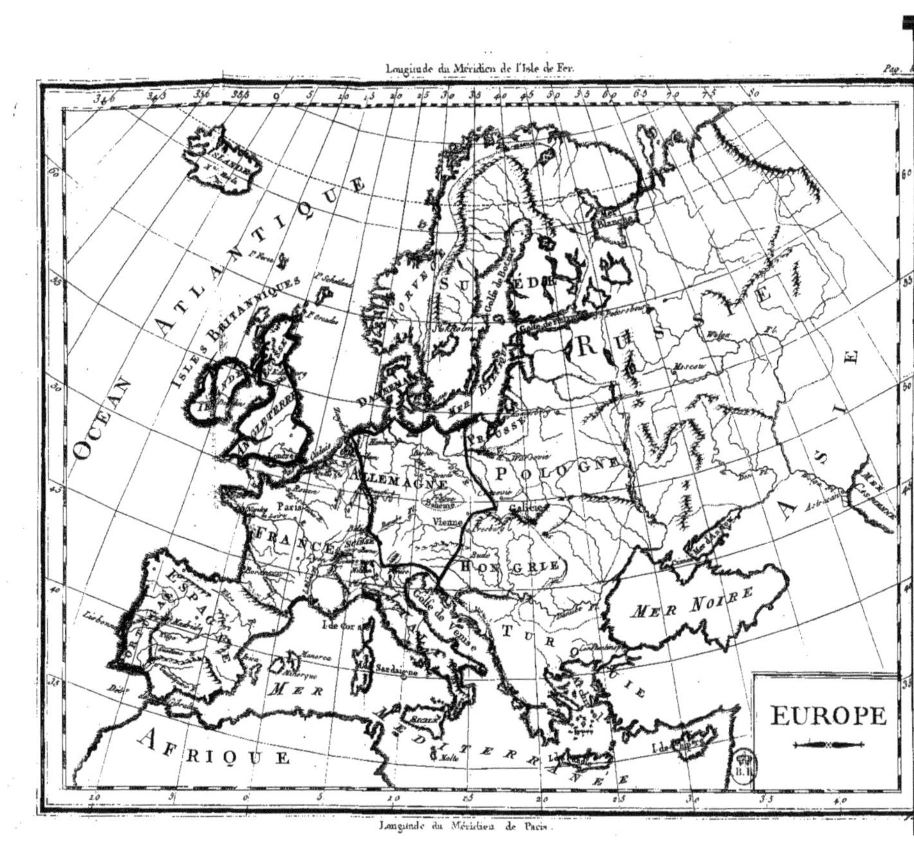
Longitude du Méridien de l'Isle de Fer.
Pag.
EUROPE
OCEAN ATLANTIQUE
ISLES BRITANNIQUES
ANGLETERRE
Londres
SUÈDE
Golfe de Bothnie
RUSSIE
Moscow
Petersbourg
Mer Blanche
ASIE
DANEMARK
PRUSSE
POLOGNE
Varsovie
ALLEMAGNE
Vienne
Paris
FRANCE
HONGRIE
ESPAGNE
Madrid
Lisbonne
I. de Corse
Sardaigne
Minorque
Mer Noire
TURQUIE
Golfe de Venise
MER MÉDITERRANÉE
AFRIQUE
Malte
Longitude du Méridien de Paris.

l'on trouve dans la Méditerranée ; sont, en allant de l'O. à l'E., les îles de *Majorque* et *Minorque*, qui appartiennent à l'Espagne ; l'île de *Sardaigne*, dont on a déjà parlé, et l'île de *Corse*, qui est au N. de la Sardaigne. La *Sicile*, qui est du royaume de Naples ; et au S. l'île de *Malte*, dont on a déjà parlé. A l'Est de l'Italie, *Corfou*, *Céfalonique*, ect. Plus à l'Est, les îles de *Cythère* (ces trois îles sont à la France) et celle de *Crète* ; les îles que l'on nomme de l'Archipel, au N. de Crète ; et l'île de *Chipre*, tout-à-fait à l'Est.

ARTICLE X.

ASIE.

ARGUMENT.

Carte X. Pour ne pas multiplier les cartes qui augmenteroient nécessairement le prix de l'Ouvrage, sans ajouter beaucoup à son utilité, je passe dans cet article au développement de la mappemonde ; j'y trouve l'Asie, l'Afrique et les deux Amériques, dont je donne une description suffisante pour les commençans. J'explique ensuite les cercles tracés sur la mappemonde.

LEÇONS.

Nous n'avions vu d'abord qu'un point de

la terre habitée, celui où se trouve la commune de Bourges. De cette commune, nous avons étendu, de proche en proche, nos études à tous les départemens de la République Françoise. Au moyen de la carte d'Europe (no. VIII.) Nous avons vu quels sont les Etats les plus voisins de la France, et quels sont ceux qui en sont le plus éloignés. Nous passons actuellement à la description de la partie de la terre qui touche à l'Europe.

ASIE. La carte neuvième n'est pas construite comme les précédentes: elle offre deux cercles qui représentent ensemble le tour entier du globe terrestre. Je n'en donnerai pas en ce moment une explication qui nous éloigneroit de notre plan. Plaçons-nous seulement à Constantinople, et voyons quelles terres se trouvent à l'Est. Elles n'en sont séparées que par un étroit canal, ou détroit, que l'on nomme *Détroit de Constantinople*. Toute l'étendue de terre que nous voyons à l'Est, et que l'on a enluminée de couleur différente de l'Europe, porte le nom d'Asie. Elle s'étend à plus de 2000 lieues vers l'Est. C'est ce que l'on nomme une des *quatre* parties du monde. Ainsi nous en connoissons déjà deux l'*Europe* et l'*Asie*. Voyons quels sont les grands états que renferme l'Asie.

TURQUIE D'ASIE. Nous avons vu, sur la carte d'Europe, la Turquie Européenne. Nous retrouvons, sur la carte d'Asie, la *Turquie Asiatique*. C'est que les pays qui forment ce que l'on nomme l'empire Turc, ou mieux encore l'empire Ottoman (du nom de son fondateur), font aussi partie de l'Asie. Au reste, je conviens que cette distinction, entre les terres que l'on donne à l'Asie, est arbitraire. Mais c'est une convention bien ancienne : elle est restée en usage, nous devons nous y conformer.

La Turquie d'Asie est un vaste pays, montagneux en beaucoup d'endroits, fertile en beaucoup d'autres, et qui seroit très-riche et très-peuplé, si le peuple n'y étoit pas vexé par les mauvaises disposions du gouvernement. C'est dans la Turquie d'Asie que se trouvent *Smyrne* (1), ville très-commerçante, et port sur la Méditerranée; *Jérusalem* (2), ville célèbre, dans les livres des Juifs et des

(1) Smyrne or. 24° 46′ 33″. 38° 28′ 7″.

(2) Jérusalem. or. 33° 0′ 0″. 31° 46′ 34″.

Chrétiens, et *Bagdad* (1), ville considérable et de commerce, près du *Tigre*.

Golfe Persique, *Mer Rouge*. ARABIE. Ce golfe est une portion d'eau qui se trouve à l'Est de l'Arabie. La portion d'eau qui est à l'O. se nomme *Mer Rouge*. Quant à l'Arabie, c'est un pays, en général fort sec, et dans lequel il se trouve de grandes familles, qui n'habitent jamais dans des villes; ils ont des tentes, espèces de cabanes de toiles ou de peaux de chameaux cousues ensemble, et ils les placent et déplacent à volonté. On les nomme Arabes du désert. Ceux qui sont dans les villes, se nomment simplement Arabes, c'est-à-dire, habitans naturels de l'Arabie. Il y a plus de mille ans (2), qu'un homme de cette nation, né à la *Mecque*, et nommé Mahomet, osa dire que Dieu l'avoit envoyé pour établir une nouvelle religion. De ce qu'il avoit l'impudence de dire que Dieu, c'est-à-dire, l'auteur de l'Univers lui avoit parlé, il est raisonnable de dire que c'est un imposteur; mais le peuple ignorant le crut, et sa religion nouvelle s'établit. On la nomma la

(1) Bagdad. or. 42° 4′ 30″ 33° 19′ 40″.

(2) En 622 de l'ère vulgaire.

religion Mahométane. C'est celle des Turcs, des Arabes, des Persans et des Mogols. Je parlerai bientôt de ces deux peuples. La ville de l'Arabie la plus connue en Europe est *Moka* (1), d'où l'on tire le meilleur café.

PERSE. Le pays situé au N. du golfe persique, se nomme la *Perse*. Il est en général sec et peu fertile. Le peuple y est depuis long-tems victime de la férocité de quelques usurpateurs qui prétendent s'y faire reconnoître souverains. La capitale se nomme *Ispahan* (2).

MER CASPIENNE. Au N. de la Perse, est une vaste étendue d'eau, que l'on nomme mer Caspienne. Elle a cela de particulier, qu'elle ne communique avec aucune autre mer. C'est ce qui a fait quelquefois dire que c'est un grand lac; car il est d'usage de nommer *lac*, une portion d'eau, placée au milieu des terres. Mais presque tous les lacs sont d'eau douce, au lieu que la mer

(1) Moka. or. 40° 50′ 0″. 13° 16′ 0″.

(2) Ispahan. or. 49° 50′ 0″. 32° 24′ 34″.

Caspienne est d'eau salée, comme celle de toutes les mers.

Indes. On appelle *Indes* tout le pays compris entre la Perse, à l'Ouest, et la Chine que nous trouverons à l'Est. Il s'avance au Sud, et forme deux presqu'îles. La portion de mer qui est entre ces deux presqu'îles, se nomme *Golfe de Bengale*, et l'un des fleuves qui s'y jettent au nord, se nomme le *Gange*. De-là s'est introduit l'usage d'appeller la presqu'île occidentale de l'Inde, *Presqu'île en deçà du Gange*; et la presqu'île orientale, *Presqu'île au de-là du Gange.* C'est sur la presqu'île en deçà du Gange, que les Nations d'Europe, tels que les Anglois, les François, les Hollandois, les Danois, les Portugais, ont des établissemens. Les Anglois y sont les plus puissans. Les autres nations n'y ont que des établissemens de commerce. Celui des Français se nomme *Pondichéry* (1). On en retire des mousselines, et beaucoup d'autres toiles de coton, des étoffes de soie, ect. Les îles qui sont au S.-O. de la presqu'île orientale, sont aux Hollandois qui y ont de grands établisse-

(1) Pondichéry. or. 77° 31′ 30″. 11° 55′ 41″.

mens. Le chef-lieu est *Batavia* (2) : ils en apportent en Europe des épiceries, telles que la canelle, la muscade, le poivre et le girofle. Mais depuis quelque tems les François sont parvenus à cultiver ces productions dans un pays aussi chaud, et qui leur appartient. J'en parlerai dans peu.

CHINE. A l'Est de l'Inde, est un vaste pays que l'on nomme la Chine, et dont les habitans sont nommés Chinois. Leurs traits sont, en général, très-différens des nôtres, car ils ont le visage plat, le teint olivâtre et les yeux longs, relevés sur les côtés, et peu ouverts. Ils sortent peu de leur pays, et n'y admettent que rarement des étrangers. Au reste, ils ont des lois fort sages; leur pays est très-peuplé. Au lieu de pain, comme chez nous, ils mangent du riz cuit à l'eau; et c'est la même chose dans l'Inde. La capitale de leur état, qui prend le titre d'Empire, est *Pékin* (1), ville très-considérable où réside l'Empereur. Le port où se rendent les nations d'Europe qui commercent avec la Chine, est

---

(2) Batavia. or. 104° 33′ 46″. 6° 12′ 0″ au Sud.

(1) Pékin. or. 114° 7′ 30″. 39° 54′ 13″.

dans une petite île au S., nommée *Macao*. Le port Chinois le plus commerçant au S. se nomme *Canton* (1); *Nankin* (2) est un port sur la rive orientale.

Tartarie. Tout le pays qui est au N. de la Perse, de l'Inde et de la Chine, se nomme Tartarie; et la plupart des habitans sont aussi de figure différentes des Européens, sans cependant ressembler aux Chinois; il y a même quelques nations Tartares, dont le nez est très-applati, et les traits extrêmement difformes.

Toute la partie septentrionale de la Tartarie est gouvernée par le souverain de la Russie; de-là, l'usage s'est introduit de dire la Tartarie Russe. La partie de cette Tartarie qui est la plus connue, est la *Sibérie*, pays froid, et rempli de bois, inculte; la capitale est *Tobolsk* (3). La Russie tire un grand parti des mines de ce pays. Des caravanes, ou compagnie nombreuses de commerçans, le traversent pour aller faire le commerce sur les frontières de la Chine, où l'on achette, entre autre choses, du thé, de

(2 Canton. or. 110° 42' 30". 23° 8' 9".

(2) Nankin. 116° 27' 0". 32° 4' 40'.

(3) Tobolsk. or. 66° 5' 0". 58° 12' 30".

la rubarbe. C'est en Sibérie, et même plus loin à l'Est, que le gouvernement envoie ceux que l'on a condamnés à l'exil.

Le Japon. On nomme Japon, des îles qui sont à l'Est de la Tartarie appellée Chinoise, parce qu'elle fait partie de l'Empire Chinois. Le Japon comprend plusieurs îles, produit de l'or, et le plus beau cuivre que l'on connoisse. Les Hollandois sont la seule nation d'Europe, à qui les Japonois permettent de faire chez eux le commerce. Capit. *Yédo*, ou *Jédo* (1).

(1) Longitude, 155°. Latitude, 35° 30', à-peu-près.

ARTICLE XI.

AFRIQUE ET AMÉRIQUE.

AUGUMENT.

Je ne parlerai des Cercles décrits sur la Mappemonde qu'après avoir décrit tout ce qui est géographie; ainsi je prie les Maîtres de ne s'occuper de l'Equateur et des Tropiques, sous lesquels se trouve l'Afrique, que quand moi-même j'en traiterai.

LEÇONS.

AFRIQUE. On peut voir par l'inspection de la carte, que l'Europe et l'Asie ne sont pas séparées l'une de l'autre, depuis la mer Noire jusqu'à la mer Glaciale, pendant une espace de plus de 500 lieues. Il n'en est pas de même de l'Asie et de l'Afrique; l'espace de terre qui les réunit, n'a guères que 30 lieues. Il est resserré entre deux mers, la Méditerranée au N., et la mer Rouge au S. Or, quand une partie de terre se trouve ainsi entre deux mers, et joignant ensemble deux terres plus considérables, on la nomme *Isthme*. Pour distinguer les Isthmes les uns des autres, on les désigne ordinairement par le nom de la ville qui s'y trouve

trouve. Ainsi, parce qu'à l'extrémité septentrionale de la mer Rouge, il y a une ville que l'on nomme *Suez*, on nomme l'Isthme qui joint l'Asie à l'Afrique, l'Isthme de Suez.

EGYPTE. Le premier pays que l'on trouve en Afrique, lorsqu'en y arrivant de l'Asie, on a passé l'Isthme de Suez, c'est l'Egypte. C'est un pays fort chaud, et dans lequel il ne pleut presque jamais. Mais il est arrosé du S. au N. par un fleuve que l'on appelle *le Nil*, et qui déborde chaque année, assez pour couvrir toutes les terres. Ces débordemens ont lieu pendant les trois mois de messidor, thermidor et fructidor. Le pays est fertile. Il est resserré entre deux chaînes de montagnes, qui ne lui laissent de largeur que six à sept lieues; au lieu qu'il en a 200 de longueur. Il fait partie des états de l'Empire Ottoman, qui y envoie chaque année un nouveau gouverneur. La capitale se nomme *le Caire* (1), et le port, où se rendent les vaisseaux, *Alexandrie* (2) sur la Méditerranée.

CÔTE DE BARBARIE. Toute la partie de

(1) Le Caire. or. 29° 10′ 0″. 30° 3′ 12″.

(2) Alexandrie. or. 27° 50′ 22″. 31° 11′ 28″.

l'Afrique qui, le long de la Méditerranée, s'étend depuis l'Egypte jusqu'au détroit de Gibraltar à l'O., peut être comprise ici sous le nom de *Côte de Barbarie*. On y trouve trois Etats principaux occupés par des Turcs, sous la protection du Sultan de Constantinople, que l'on appelle ordinairement le *Grand-Seigneur*. Ces Etats sont ceux de *Tripoli* (1), de *Tunis* (2) et d'*Alger* (3); ce dernier est le plus puissant. Les Turcs, habitans de ce pays, s'y sont établis depuis quelques siècles, en s'en emparant sur les Arabes, qui en étoient les maîtres. Ce sont des hommes féroces dont la seule manière d'exister et de se procurer des richesses, est de courir les mers sur des vaisseaux, et d'attaquer les vaisseaux marchands Européens afin de les prendre. Ils font les hommes et les femmes esclaves, et les traitent avec plus ou moins d'humanité; mais il est faux qu'ils les tourmentent pour cause de religion.

Sur la côte occidentale de l'Afrique, à l'embouchure du *Sénégal*, les François ont un

---

(1) Tripoli. or. 11° 17′ 32″. 32° 53′ 40″.

(2) Tunis, non observée.

(3) Alger. Long. non observée, lat. 36° 49′ 30″.

établissement. Le pays se nomme Guinée, et forme une longue côte, qui continue par le S. et le S.-E. Les habitans sont noirs, ont les cheveux crépus; nous les nommons *Nègres.* Des hommes avides alloient tous les ans acheter quelques milliers de ces hommes, vendus par leurs souverains, par leurs ennemis et quelquefois même par leurs parens. Ils les transportoient en Amérique (autre partie du monde qui nous reste à connoître) et les y vendoient à des propriétaires, qui les forçoient au travail à coups de fouet. Les nouvelles lois françoises ne permettent plus ce commerce inhumain et honteux; et l'on doit dire, à l'honneur de l'humanité, qu'une compagnie angloise vient d'y former un établissement, où des Nègres travaillent comme des hommes libres.

A l'extrémité de l'Afrique est un établissement hollandois que l'on nomme le *Cap de Bonne-Espérance* (1). Ce nom *Cap* se donne à toute pointe de terre qui s'avance dans la mer, et qui est terminée par une montagne.

---

(1) Cap de Bonne-Espérance. La ville, or. 16° 3′ 45″. 33° 55′ 15″.

C'est du cap de Bonne-Espérance que vient l'excellent *vin de Constance.* Les vaisseaux qui vont aux Indes, ou qui en reviennent, s'arrêtent assez ordinairement au cap de Bonne-Espérance, pour y acheter des vivres, du vin, y prendre de l'eau, et mettre à terre les malades, dont la santé s'y rétablit promptement.

Le reste de l'Afrique n'est pas assez connu, ou n'est pas assez intéressant, pour qu'il en soit fait mention dans ces élémens.

A l'E. de la partie méridionale de l'Afrique, on voit trois îles, dont une très-grande, c'est *Madagascar;* elle ne renferme pas d'établissement Européen. Les deux autres sont les îles de *Bourbon* et l'île de *France.* Il y a dans l'île de France un établissement considérable, et nos vaisseaux s'y rendent assez ordinairement en revenant des Indes, ou en y allant.

Si nous revenons au N.-O. de l'Afrique, nous trouverons plusieurs îles, très près les unes des autres, on les nomme *Canaries.* Elles appartiennent aux Espagnols, et produisent particulièrement des vins excellens; c'est de ces îles que sont venus les jolis oiseaux que l'on nomme sereins. Une de ces îles, nommée *Tenérif*, renferme une montagne isolée, qui s'élève à une très-grande hauteur (1). Une autre porte le nom d'*Ile de Fer* (2); elle est précisément sous le cercle qui renferme les trois parties de la terre que nous venons de décrire.

AMÉRIQUE. Dans le cercle qui est à l'Ouest, se trouve enfermée la quatrième partie du monde, on la nomme *Amérique*. Elle n'a été connue des Européens que depuis quelques siècles, et les habitans y étoient presque tous sauvages, vivans de la chasse ou de la pêche, et presque tous sans vêtemens. Les Européens y ont successivement formé divers établissemens. On va les faire connoître en commençant par le Nord.

GROENLAND. CANADA. ETATS-UNIS. La partie la plus septentrionale est très-froide, et n'est habitée qu'en quelques endroits.

Le Groenland est, presque en tout tems, couvert de neige et de glace. Les habitans, appelés Groenlandois, se nourrissent presque uniquement de poisson, et boivent l'huile qu'ils en retirent.

(1) 1983 toises.

(2) Ile de Fer. oc. 20° 30′ 0″. 27° 45′ 0″.

Le Canada est un vaste pays qui appartient au royaume d'Angleterre. L'intérieur du pays renferme des nations sauvages, qui fournissent des fourrures au commerce des Anglois. La capitale du Canada est *Quebec* (1), sur un grand fleuve, que l'on nomme *Fleuve de Saint-Laurent.*

Les Etats-Unis sont treize provinces réunies par un intérêt commun, pour se maintenir libres, contre les prétentions du royaume d'Angleterre, dont elles faisoient encore parties il y a douze ans. La France leur a beaucoup aidé à se mettre en liberté. Les plus connues des villes de ces provinces sont *Boston* (2), *New-Yorck* (3) et *Philadelphie* (4). La France fait un grand commerce avec ces villes.

A l'O. de ces provinces, il y des établissemens, où sont des François, sur les bords de quelques fleuves, tels que l'Ohio, le Scioto, etc.

Le plus grand des fleuves de l'intérieur du

---

(1) Quebec. oc. 73° 30′ 0″. 46° 47′ 30″.

(2) Boston. oc. 73° 19′ 0″. 42° 22′ 11″.

(3) New-York. oc. 76° 31′ 0″. 40° 40′ 0″.

(4) Philadelphie. oc. 77° 36′ 0″. 39° 56′ 55″.

pays est le *Mississipi.* Tout ce qui est à l'O. de ce fleuve, et le pays qui est à son embouchure, dans l'étendue des terres de l'O. à l'E. appartient aux Espagnols. On y trouve le nouveau *Mexique* à l'O. et la Floride à l'Est. Le Mexique, proprement dit, et tout-à-fait à l'O. ou plutôt au S.-O. C'est un pays très-riche : la capitale est *Mexico* (1).

C'est tout le pays que l'on vient de parcourir, qui se nomme *Amérique Septentrionale.* La partie qui est au S.-E. se nomme *Amérique Méridionale.* Il y fait beaucoup plus chaud que dans la première. J'en dirai bientôt la raison.

ISTHME DE PANAMA Nous avons vu précédemment qu'un isthme est une portion de terre resserrée entre deux mers, et joignant ensemble deux terres plus considérable, tel est celui qui joint l'Amérique septentrionale à l'Amérique méridionale. On le nomme *Isthme de Panama* (2), d'après la ville de ce nom, qui est sur la côte occidentale.

---

(1) Mexico. oc. 102° 25′ 45″. 19° 25′ 50″.

(2) La ville de Panama. oc. 82° 41′ 0″. 8° 58′ 50″.

Pérou et Chili. En sortant de l'isthme de Panama, si l'on entre dans l'Amérique méridionale, et que l'on continue de faire route au Sud, on se trouve dans le Pérou, pays où sont les plus hautes habitations de la terre; car les villes y sont bâties sur une longue chaîne de montagnes, que l'on nomme *Cordilières du Pérou*, et qui sont assez généralement élevées de 16 à 1700 toises au-dessus du niveau de la mer; et cependant, dans ce pays, il se trouve encore de très-hautes montagnes; mais on n'en peut atteindre la cîme. Le Pérou est riche en productions de différens genres, et en mines d'argent. Il appartient au roi d'Espagne, aussi bien que le Chili qui est au S. Le Chili est sur la continuation de la même chaîne de montagnes; il s'y trouve encore quelques nations qui descendent des anciens habitans, et avec lesquelles les Espagnols font le commerce et quelquefois la guerre. La capit. du Pérou est *Lima* (1); les principales villes du Chili sont la *Conception* (2) et *S. Yago*.

Paraguay. Les Espagnols possèdent aussi

(1) Lima. oc. 79° 9′ 30″. 12° 1′ 15″.

(2) La Conception. oc. 75° 0′ 0″. 36° 42′ 59″. Sud.

le vaste pays qui se rouve à l'E. du Chili, et que l'on nomme le *Paraguay*. Il est fertile et arrosé, entre autres rivières, par celles que l'on nomme *Rio de la Plata;* c'est sur le bord de cette rivière qu'est *Buenos-Aires* (1), principale ville du pays.

BRÉSIL. La partie la plus avancée vers l'E. se nomme Brésil. C'est un pays très-riche en mines d'or, et dans lequel on trouve aussi, beaucoup de ces pierres que l'on nomme *Pierres fines*. Le lieu le mieux observé est *Rio Janeïro* (2). Ce Pays appartient au royaume de Portugal.

PAYS DE LA RIVIÈRE DES AMAZONES. Au nord des deux pays précédens, coule la plus grande rivière connue; elle a plus de 1200 lieues de cours, et se nomme le *Maragnon*, désignée souvent par le nom de rivière des Amazones. Le pays qu'elle arrose en a pris son nom; il n'est pas fort habité dans son intérieur. La partie orientale appartient aux Portugais; la partie occidentale, aux Espagnols.

GUYANNE. Si l'on suit les bords de la mer au

(1) Buenos-Aires. oc. 60° 51' 15'' 34° 35' 26''.

(2) Rio Janeiro. oc. 45° 5' 0''. 22° 54' 10''. Sud.

N. de l'embouchure du fleuve des Amazones, on trouve le pays que l'on nomme la Guyanne, et qui est partagé entre les François et les Hollandois.

Dans la Guyanne françoise, on distingue entre autres établissemens, celui de *Cayenne* (1) dans une espèce d'île, séparée du continent par un courant d'eau. Il y croît d'excellens café et de très-beau coton. Il faut remarquer que l'on y cultive aussi des épices de même espèce que celle que les Hollandois font cultiver dans les îles que l'on nomme Moluques, et qui font partie des îles situées au S.-E. de la presqu'île orientale de l'Inde.

Le principal établissement de la Guyanne hollandoise est celui de la rivière de *Surinam* (2). Il est en très-bon état.

En général, ce pays est un peu noyé d'eau; mais dans l'une et l'autre Guyanne, on a fait des desséchemens très-utiles.

TERRE-FERME. Un peu au-delà, en avançant vers le N.-O. on trouve l'embouchure d'un grand fleuve, appelé l'*Orénoque*. Tout le

(1) Cayenne. oc. 54° 35′ 0″. 4° 56′ 15″.

(2) Paramaribo; non encore bien observé.

pays, jusqu'à l'Isthme de Suez, appartient aux Espagnols. C'est là qu'est la province de la *Caraque*, d'où se tire le meilleur cacao ; c'est ce qui, mêlé avec du sucre, sert à faire du chocolat. Un peu plus à l'Ouest est le port de *Carthagène* (1). En général, l'air est mauvais sur cette côte, et le pays est mal sain. Il est meilleur et plus riche dans les terres où est *Santa-Fé* (2) de Bogota.

ANTILLES. A partir à-peu-près de l'embouchure de l'Orénoque, on trouve une suite d'île, dont la disposition un peu circulaire se dirige du S.-E. au N.-O. On les nomme *Antilles*. Les unes appartiennent aux François ; telles que *Sainte-Lucie*, la *Martinique* (3), la *Guadeloupe* ; d'autres aux Anglois, telles que *la Grenade*, *la Dominique* ; quelques-unes, moins considérables, aux Hollandois, même aux Danois.

A l'Ouest, est l'île de *Saint-Domingue*, dont la partie orientale vient d'être cédée par

---

(1) Carthagene. oc. 78° 2′ 54″. 4° 56′ 15′.

(2) Non observée.

(3) La Martinique, au Fort-Royal. oc. 63° 29′ 0″. 14° 35′ 55″.

les Espagnols aux François, déjà maîtres de la partie occidentale où est la ville du *Cap* (1).

Plus à l'O., est l'île appelée *Jamaïque*; c'est le principal établissement des Anglois dans cette partie. Vers le Nord est *Cuba*, aux Espagnols.

Golfe du Mexique. La partie de mer qui se trouve entre cette suite d'îles et le continent, porte le nom de *Golfe du Mexique*.

Remarque. Lorsque les vaisseaux partent de l'Europe, pour aller en Amérique, ils sont obligés, pour chercher le cours des vents, de descendre assez droit au S. jusqu'aux îles de Canaries, en deçà desquelles est *Madère* (2). Ils vont à-peu-près jusqu'aux îles du Cap-Verd, puis tout-à-coup, à la faveur du vent, ils traversent l'Océan de l'O.; mais quand ils reviennent, soit de la Guyanne, soit des îles Antilles, ils remontent d'abord assez directement au N. jusques vers la hauteur de Boston, puis ils s'avancent vers l'Est. C'est dans cette route qu'ils aperçoivent quelques fois les *Açores*; elles appartiennent au Portugais.

---

(1) Le Cap-François. oc. 74° 38′ 0″. 1° 46′ 30″.

(2) Madère, à Funchal. oc. 19° 16′ 0″. 32° 37′ 40″.

Tel est l'apperçu général de toutes les grandes terres du globe. Nous allons actuellement parler des mers.

La disposition des terres, sur le globe, est telle que, d'un côté, c'est une vaste étendue, qui est divisée en trois parties, comme on l'a vu : ce sont l'*Europe*, l'*Asie* et l'*Afrique*. Parce que c'est un seul tout, on le nomme *Continent*. Et comme nos connoissances en histoire, quelqu'anciennes qu'elles soient, ne remontent pas au-delà d'un tems où ces parties ne fussent pas connues, elles forment ensemble, ce que l'on nomme l'*ancien Continent*.

Les deux Amériques, au contraire, n'ont commencé à être connues des Européens qu'en 1494 ; quelques îles et quelques terres y furent découvertes par un Génois, navigant sur des vaisseaux espagnols ; il se nommoit Christophe Colomb : c'est le *nouveau Continent*.

Entre l'ancien et le nouveau Continent, la mer porte le nom d'*Océan* ; au midi des Indes, le nom de *mer des Indes* ; entre l'Asie et l'Amérique, et c'est la plus vaste étendue d'eau connue, elle se nomme *Grande-Mer*, et fut appelée pendant long-tems *Mer du Sud*.

DÉTROIT DE MAGELLAN. C'est que pour

y arriver, les vaisseaux d'Europe sont obligés d'aller d'abord au Sud ; et comme la mer est très-orageuse et couverte de brume dans cette partie, on a cherché, près des terres, un passage facile. On en a trouvé deux. L'un découvert par Magellan, est entre la terre du Continent, et une autre terre que l'on nomme *Terre de Feu*, c'est le détroit de *Magellan;* l'autre, un peu plus au S., est entre la Terre de Feu et la *Terre des Etats*, c'est le *Détroit de Lemaire*, appelé ainsi d'après le navigateur qui le découvrit.

NOUVELLE ZÉLANDE, ILES DES AMIS, DE LA SOCIÉTÉ, OTAÏTI, etc. C'est dans la Grande-Mer que se trouvent des îles assez long tems inconnues, et visitées depuis quelques années par de célèbres voyageurs. Tels sont au S.-O. les deux îles appelées *Nouvelle Zélande*, les îles de la Société, les îles des Amis, où est *Otaïti*. Plus au nord, les îles *Sandwich*, où Cook (prononcez Couk), le plus célèbre des voyageurs anglois, fut assassiné par les sauvages.

ILES MARIANES. Assez loin, à l'O. des îles Sandwich (prononcez *Sandouiche*) et au S.-E. de la Chine, on trouve les îles

Marianes, appelées aussi *Iles des Larons*, dont les habitans ignoroient l'usage du feu, lorsque Magellan en fit la découverte. Elles appartiennent aux Espagnols.

GRAND BANC DE TERRE-NEUVE. Enfin, dans la partie septentrionale de l'Océan, on trouve, à peu de distance de l'embouchure du golfe Saint-Laurent, une grande étendue de terre, qui n'est qu'à fleur d'eau. On la nomme *Banc de Terre-Neuve*. C'est là que tous les vaisseaux de l'Europe, qui vont à la pêche de la morue, se rendent chaque année, depuis Thermidor jusqu'aux milieu de Fructidor. L'île appelée de Terre-Neuve, en est peu éloignée. Les Anglois et les François s'en sont partagés les côtes pour y donner asyle aux pêcheurs, dans le tems de la pêche. C'est en remontant plus au N. que se fait la pêche de la baleine, le plus gros de tous les animaux marins. On en trouve aussi dans la partie mérionale de l'Océan.

MER GLACIALE. La mer qui est plus au N. se nomme *Mer Glaciale*. Elle n'est pas navigable en totalité, car on y trouve, presque en toute saison, des montagnes de glace.

Nous allons voir dans l'article suivant, pourquoi il y a des pays si froids, tandis que d'autres sont si chauds.

ARTICLE XIII ET DERNIER.

DES CERCLES.

SOMMAIRE.

Je vais expliquer le plus brièvement possible, les Cercles qui se trouvent sur la Mappemonde. Les Maîtres développeront ces simples apperçus selon l'intelligence des élèves.

LEÇONS.

POLES. Les points de la Mappemonde, où se trouvent les nombres 90, répondent aux *poles* du monde, c'est-à-dire, aux points sur lesquels la terre, ou le globe de carton qui la représente, fait sa révolution.

CERCLES. Toutes les lignes que nous voyons tracées entre ces points, représentent autant de cercles, tracés sur les globes artificiels, et l'esprit les suppose sur le globe terrestre, pour faire mieux sentir la correspondance de la terre avec le soleil.

EQUATEUR. L'équateur est, sur la mappemonde, la ligne qui se trouve à égale distance des deux pôles : cette ligne représente un des principaux cercles du globe. Les pays situés sous ce cercles ont, au commencement du printems et au commencement de l'automne, le soleil perpendiculairement au-dessus de leur tête. C'est ce que l'on nomme *être sous la Ligne.*

Tous les cercles ont été jusqu'à présent divisés, dans leur circonférence, en 360 parties. Ce n'est que depuis l'établissement des nouvelles mesures, qu'on les divise en 400, du moins pour les cercles de la Sphère. Mais comme il n'y a pas encore de cartes faites d'après cette nouvelle division, on ne peut guères entreprendre d'en traiter ici.

PARALLÈLES. Les cercles qui sont tracés autour du globe, dans le sens de l'équateur, sont nommés *parrallèles.*

MÉRIDIEN. Ceux qui vont d'un pôle à l'autre, sont appelés *méridiens.* Le cercle qui renferme l'ancien continent presque tout entier, se nomme *premier Méridien.*

Si l'on eût tracé autant de parallèles ou de méridiens, qu'il y a de degrés à l'équateur, il en résulteroit une confusion extrême. On les a donc tracés quelquefois de 10 en 10, et cela suffit.

Sur notre mappemonde, ils sont tracés de 15 en 15; et voici l'avantage qui en résulte.

La terre tourne et fait sa révolution entière en 24 heures; et, comme tous les cercles qui l'entourent, dans le sens de l'équateur, sont divisés en 360 parties ou dégrés, il s'ensuit que chaque dégré de l'équateur, employant *quatre* minutes à passer devant le Soleil, quinze dégrés en emploient *soixante* ou une heure. Ainsi, quand il est midi sous le trentième dégré, il n'est encore que 11 heures sous le quinzième. Lors donc que l'on sait le nombre des dégrés qui se trouvent entre deux villes, on sait aussi quelle est la différence qui se trouve entre le tems où elles ont les heures de chaque jour, ce qui vient de la distance entre leurs méridiens. A Paris, on a midi, lorsqu'à Vienne on a déjà une heure.

Longitude. La distance qui se trouve entre les méridiens, se nomme *Longitude*. L'ancien usage étoit de la compter depuis le premier méridien (c'est le cercle que nous voyons ici tout près, de l'Afrique à l'O.) jusques tout autour du globe, c'est-à-dire, depuis un dégré jusqu'à 360. Actuellement on compte en

France, depuis le méridien de Paris, en indiquant si c'est à l'Est ou à l'Ouest.

LATITUDE. La latitude est la distance, ou le nombre des dégrés, qui se trouve entre un lieu et l'équateur. Pour estimer la latitude, on part donc de ce cercle, pour remonter vers les pôles, soit au N. soit au S. Ainsi, on ne peut compter que jusqu'à 90 dégrés, qui est le quart de toute la circonférence.

On nomme *partie septentrionale* du globe, tout l'espace qui s'étend de l'équateur au pôle du nord, que l'on nomme *pôle arctique.*

On nomme *partie méridionale*, l'espace opposé, compris entre l'équateur et le pôle du Sud, appelé *pôle antarctique*, c'est-à-dire, opposé à l'arctique.

TROPIQUES. A 23 degrés ½ de chaque côté de l'équateur, on voit deux cercles qui ne sont pas au nombre des parallèles; on les nomme *Tropiques;* l'un Tropique du *Cancer*, dans la partie septentrionale; l'autre, Tropique du *Capricorne*, dans la partie méridionale.

ZONES. Tout l'espace que l'on voit entre ces deux cercles, a le soleil au-dessus de soi, dans un jour ou dans l'autre de l'année. Cela y cause une très-grande chaleur; c'est pourquoi on nomme ce large-espace, *Zone Torride*, ou brûlée; mais le jour n'y est que de douze heures.

A 23 dégrés $\frac{1}{2}$ des pôles, on voit dans la partie septentrionale; ainsi que dans la partie méridionale, un petit cercle que l'on nomme *Cercle Polaire*. Le jour pendant l'été de chaque pôle (car l'un a l'été, lorsque l'autre a l'hyver) y est de 24 heures; et au pôle même, il est de 6 mois. Le froid y est très-considérable, c'est pourquoi on appelle l'espace compris entre chaque pôle et chacun de ces cercles, *Zone Glaciale*.

Enfin, les espaces renfermés entre les Zones Glaciales et les Zones Torrides, sont appelés *Zones Tempérées*; parce qu'il y fait moins chaud que dans la Zone Torride, et moins froid que dans les Zones Glaciales. Mais on y participe du froid des unes, ou de la chaleur de l'autre, selon que l'on en est plus ou moins près.

FIN.

NOTA.

L'ATLAS DE *GÉOGRAPHIE PHYSIQUE*, *ANCIENNE ET MODERNE*, du cit. MENTELLE, comprend actuellement 140 feuilles ; il se continue avec persévérance. On en trouve chez lui des épreuves en papier *grand raisin*, avec enluminure ordinaire, et en papier dit *nom de Jésus*, lavées et enluminées. On y trouve aussi un *Prospectus* qui donne les détails nécessaires à la connoissance de ce grand ouvrage. Chaque Carte est du prix d'*un franc*; en feuilles détachées, *un franc 25 centimes*.

On trouve également chez l'Auteur, un *PRÉCIS DE L'HISTOIRE DES HÉBREUX*, in-12. Prix 25 *centimes* broché.

Le cit. Mentelle va de mettre sous presse le *PRÉCIS DE L'HISTOIRE MODERNE*, en deux vol. in-12.

TABLE GÉNÉRALE

DES DÉPARTEMENS.

Départemens.	Chefs - lieux.
AIN	Bourg.
Aisne	Laon.
Allier	Moulins.
Alpes (basses) . .	Digne.
Alpes (hautes) . .	Gap.
Alpes maritimes . .	Nice.
Ardêche	Privas.
Ardennes	Mézières.
Arriège	Tarascon.
Aube	Troyes.
Aude	Carcassonne.
Aveyron	Rhodez.
Bouches-du-Rhône .	Aix.
Calvados	Caën.
Cantal	S. Flour.
Charente	Angoulême.
Charente inférieure .	Saintes.

Départemens.	Chefs-Lieux.
Cher	Bourges.
Corrèze	Tulles.
Côte-d'Or	Dijon.
Côtes-du-Nord . . .	S.-Brieuc.
Creuse	Guéret.
Dordogne	Périgueux.
Doubs	Besançon.
Drôme	Valence.
Dyle	Bruxelles.
Escaut	Gand.
Eure	Evreux.
Eure et Loir	Chartres.
Finistère	Quimper.
Forêts (des) . . .	Luxembourg.
Gard	Nîmes.
Garonne (haute) . .	Toulouse.
Gers	Auch.
Gironde	Bordeaux.
Hérault	Montpellier.
Jemmape	Mons.
Ille et Vilaine . . .	Rennes.
Indre	Châteauroux.

Départemens.	Chefs - lieux.
Indre et Loire . . .	Tours.
Isère	Grenoble.
Ithaque	Corcyre.
Jura	Lons-le-Saunier.
Landes	Mont-de-Marsan.
Loir et Cher . . .	Blois.
Loire	Feurs.
Loire (haute) . . .	Le Puy.
Loire-Inférieure . .	Nantes.
Loiret	Orléans.
Lot	Cahors.
Lot et Garone . . .	Agen.
Lozère	Mende.
Lys	Bruges.
Manche	Coutances.
Marne	Châlons.
Marne (haute). . .	Chaumont.
Mayenne	Laval.
Mayenne et Loire. .	Angers.
Meurthe	Nancy.
Meuse	Bar-sur-Ornain.
Meuse-Inférieure . .	Maëstricht.
Mont-Blanc	Chambéry.
Mont-Terrible . . .	Porentruy.
Mont-Tonnerre . .	Mayence.

Départemens.	Chefs-Lieux.
Morbihan	Vannes.
Moselle	Metz.
Nethes (deux) . .	Anvers.
Nièvre	Nevers.
Nord	Douay.
Oise	Beauvais.
Orne	Alençon.
Ourthe	Liège.
Pas-de-Calais . . .	Arras.
Puy-de-Dôme . . .	Clermont.
Pyrénées (basses) .	Pau.
Pyrénées (hautes) .	Tarbes.
Pyrénées orientales .	Perpignan
Rhin (bas).	Strasbourg.
Rhin (haut)	Colmar.
Rhin et Mozelle . .	Coblentz.
Rhône	Lyon.
Roër (la)	Aix-la-Chapelle.
Sambre et Meuse . .	Namur.
Saône (haute) . . .	Vesoul.
Saône et Loire . . .	Mâcon.
Sarre	Trêves.
Sarthe	Le Mans.

Départemens.	Chefs-Lieux.
Seine	Paris.
Seine-Inférieure . .	Rouen.
Seine et Marne . .	Melun.
Seine et Oise . . .	Versailles.
Sèvres (deux). . .	Niort.
Somme	Amiens.
Tarn	Castres.
Var	Toulon.
Vaucluse	Avignon.
Vendée	Fontenay.
Vienne	Poitiers.
Vienne (haute) . .	Limoges.
Vosges	Epinal.
Yonne	Auxerre.

TABLE ALPHABÉTIQUE.

A.

B.

C.

D.

E.

F.

Q.

R.

S.

T.

V.

Y.

Z.

TABLE DES ARTICLES.

Pour les articles particuliers il faut consulter la Table alphabétique.

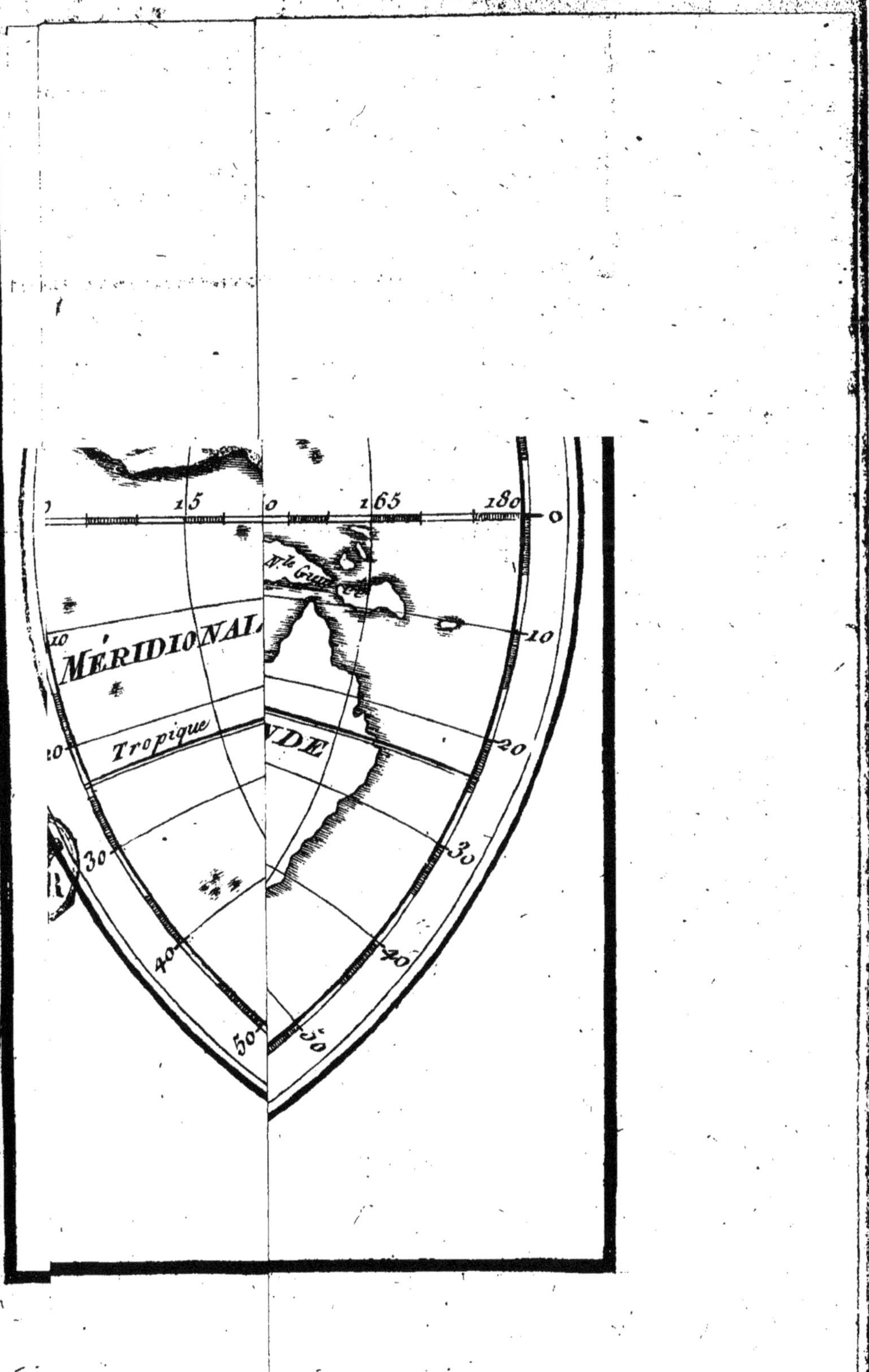

165
180
MÉRIDIONAL
Tropique
NDE

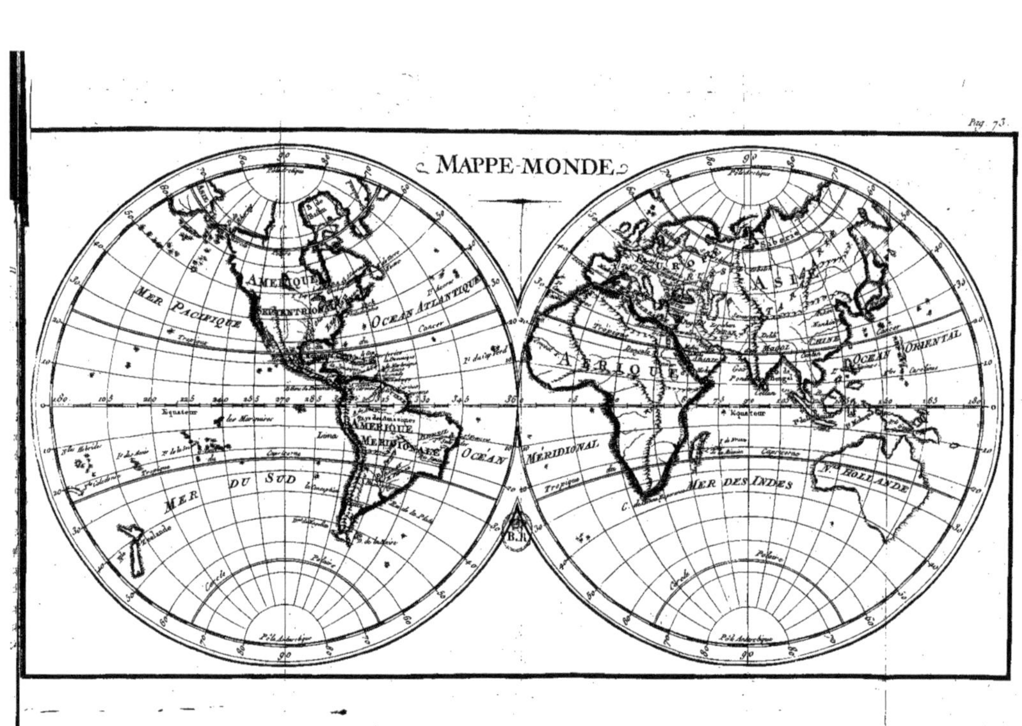
MAPPE-MONDE
AMERIQUE
SEPTENTRIONALE
MER PACIFIQUE
OCEAN ATLANTIQUE
AMERIQUE
MERIDIONALE
OCEAN
MERIDIONAL
MER DU SUD
Equateur
Capricorne
Cancer
Tropique
AFRIQUE
ASIE
CHINE
OCEAN ORIENTAL
MER DES INDES
N. HOLLANDE
Cercle
Polaire
Pôle Arctique
Pôle Antarctique
B.

www.ingramcontent.com/pod-product-compliance
Ingram Content Group UK Ltd.
Pitfield, Milton Keynes, MK11 3LW, UK
UKHW020251180726
13839UKWH00001B/294

9 782329 395456